Arn Strohmeyer
Das Haus auf dem Felsen am Libyschen Meer

Arn Strohmeyer, Jg. 1942, hat Philosophie, Soziologie und Slawistik mit dem Abschluss Magister studiert. Er hat als politischer Journalist bei verschiedenen Tageszeitungen und einer politischen Monatszeitschrift gearbeitet. Neben dieser Tätigkeit hat er mehrere Bücher geschrieben. Seine Themenschwerpunkte sind die kritische Aufarbeitung der NS-Zeit, Kreta/Griechenland und der Nahe Osten/Palästina. Strohmeyer lebt und arbeitet heute als Schriftsteller in Bremen (arnstrohmeyer.de).

Arn Strohmeyer

Das Haus auf dem Felsen am Libyschen Meer

Kreta – Geschichten, Impressionen, Szenen

Bibliografische Information Der Deutschen Bibliothek
Die Deutsche Bibliothek verzeichnet diese Publikation in der Deutschen Nationalbibliografie; detaillierte bibliografische Daten sind im Internet über http://dnb.ddb.de abrufbar.

Verlag Dr. Thomas Balistier
Egartstr. 19
D-72127 Mähringen

www.kreta-buch.de
1. Auflage Mähringen 2023
2. Auflage Mähringen 2025
Redaktionelle Beratung: Ulla Fuchs
Umschlaggestaltung: PEAK Agentur für Kommunikation GmbH, Tübingen
Satz: die:umsetzer Agentur, Ammerbuch
Herstellung: bookpress.eu,Olsztyn (Polen)

ISBN 978-3-937108-44-5

Inhalt

7 Vorwort

I. Region
10 Das Haus auf dem Felsen am Libyschen Meer
19 Brotbacken als kommunales Ereignis im Bergdorf Miamou
22 Die bezaubernden Steine von Lentas
26 Die zauberhaft-skurrile Zeichenwelt des Christos Tousis – jetzt auch als Skulpturenpark
32 Babis und seine Taverne *Ostria* in Lentas

II. Geschichte
37 Kamen die Minoer mit ihren Schiffen von Kommos bis in die Deutsche Bucht?
44 Wie die frühen Christen die antike Kultur zerstört haben – auch auf Kreta
54 Zeit des Schreckens. Die deutsche Besatzung auf Kreta 1941 bis 1945
66 Von Goethes Hellas-Glauben zu Hitlers Griechenlandwahn
82 O Chania – Du wunderbare!

III. Kunst
89 Das Wiener Café *Hawelka*, der Hippie-Treff Matala, Georg Danzer und a bisserl Nostalgie im Oktober anno 2022
106 Joni Mitchell in Matala: eine unglückliche Liebe, aber ein großartiger Song
115 *Alexis Sorbas hat uns nach Kreta gebracht* Ein Interview mit dem Maler Peter Foeller
122 Lange verfemt, fast vergessen: Der kretische Schriftsteller Themos Kornaros
134 Abschied von Mikis Theodorakis – er hat sich immer als Kreter empfunden. Ein Nachruf

149 Literaturnachweis

Vorwort

Der griechische Dichter Odysseas Elytis, der aus Heraklion stammte, hat den Vers verfasst: *Bringt, bringt mich nach Kreta und fragt nicht nach dem Warum!* In diesen wenigen Worten steckt die ganze Faszination, die diese Insel ausmacht. Diese Faszination ist für ihn so selbstverständlich, dass sich die Frage nach dem Warum erübrigt. Sie ist wohl völlig sinnlos, wenn man sich mit ganzem Herzen und allen Sinnen Kreta verschrieben hat. Denn Liebe kann bekanntlich blind machen. Dabei muss das gar keine Liebe auf den ersten Blick sein. Als ich 1967 als Student zum ersten Mal dort war, hätte ich es mir nicht träumen lassen, dass das eine schicksalhafte Begegnung war und Kreta in meinem Leben einmal einen solchen Platz einnehmen würde.

Deutsche Dichter und Denker haben von Hölderlin bis zu Nietzsche den Traum vom klassischen Hellas als ihrer geistigen Heimat geträumt. *Das Land der Griechen mit der Seele suchen*, dieser sehnsuchtsvolle Satz aus Goethes *Iphigenie* stand als Höhepunkt und Symbol für das deutsche Fernweh nach dieser poetischen Fiktion. Es war eine romantische Fantasie, die unerfüllt blieb, weil sie mit der Realität im Widerspruch lag. Wir Heutigen haben es besser. Wir brauchen nicht von dem fernen Hellas zu träumen – wir können das reale Griechenland dank des technischen und kommunikativen Fortschritts mühelos erreichen. Aus träumerischer Ferne ist gelebte Nähe geworden – und das Wort Heimat bekommt durch diesen Wandel eine völlig neue Bedeutung.

Es klingt zwar immer noch ein bisschen verstaubt und kitschig, wenn man von Heimat spricht, aber Kreta ist für mich genau mit diesem Gefühl verbunden. Heimat war für mich stets das kleine thüringische Dorf, in dem ich meine schönsten Kindertage verbracht habe. Insofern war Heimat kein leerer Begriff, der obendrein politisch missbraucht werden kann, Heimat ist etwas vertraut Konkretes, das man sehen, anfassen, riechen und schmecken kann: bestimmte Häuser, Gärten mit ihren Pflanzen und Früchten, Tiere, Bäume, Wiesen, Felder, kleine Hügel und Waldstücke – für ein Kind war das eine Wunderwelt voller Glück und Geheimnis. All dies hat sich tief in meiner Seele eingeprägt. Wir alle brauchen solche Zufluchten der Erinnerung, die uns das Gefühl der Geborgenheit, des Aufgehobenseins, der Zuwendung und der Sicherheit geben. Zu Lentas, meinem Dorf auf Kreta, habe ich dasselbe vertraute Gefühl wie zu dem Dorf meiner Kindertage.

Es mag paradox und sogar komisch klingen, wenn ich sage, dass vieles von diesem Erinnerungsgut in Kreta in mir wieder wach geworden ist. Und selbst wenn ich irgendwo in der weiten Welt unterwegs war, was in meinem Beruf als Journalist oft vorkam, dann hatte ich an traumhaft schönen Plätzen dieser Erde immer Sehnsucht nach Kreta: nach seinen Bergen mit ihren archaischen Hochebenen, nach dem Meer, das Homer *ein weinfarbenes, ein schönes und reichhaltiges, das die Insel rings umfließt* nannte, Sehnsucht nach dem kleinen Dorf an der Südküste, das ich so liebe, mit seinen liebenswerten Menschen und den Tavernen am Meer, Sehnsucht nach der uralten und auch modernen Kultur der Insel – vor allem den Klängen der Lyra – sowie den historischen Stätten.

Das ist aber nur die eine Seite, mein ganz persönlicher Blick auf Kreta. Denn Kreta ist – immer noch – auch eine fremde exotische Welt, die für Außenstehende schwer zu verstehen ist. Bei aller Liebenswürdigkeit und Gastfreundschaft tragen die Menschen auf der Insel auch noch das archaische Erbe ihrer Vergangenheit in sich. Was aber auch kein Wunder ist, denn Inselbewohner sind immer von ihrer Isolation geprägt. Kreta war zudem strategisch immer für die umgebenden Mächte von großer Bedeutung, was heißt, dass sich seine Bewohner immer wieder gegen Fremdherrschaft wehren mussten, was ihren unbändigen Freiheitswillen erklärt, den sie sich bis heute bewahrt haben.

Die geographische Lage zwischen Orient und Okzident, die Jahrhunderte andauernde Fremdherrschaft und der Einfluss einer sehr konservativen Kirche haben bei den Kretern (aber auch bei den Griechen auf dem Festland) zu einer historischen Entwicklung geführt, die wenig gemein mit der im nördlichen Europa hat. Eine Reformation oder Aufklärung hat es in Hellas nie gegeben. So ist die Frage schwer zu beantworten, die von Kretern und Festlandgriechen oft gestellt wird: Gehören wir zum Orient oder zum Okzident? Aber vermutlich ist es gerade diese enge emotionale Vertrautheit in Verbindung mit der exotischen Fremdheit, die zusammen mit den landschaftlichen Schönheiten, der Kultur aus den verschiedensten historischen Epochen und der Lebensart der Menschen dort, die immer ein bisschen an Alexis Sorbas erinnert, die uns Kreta so reizvoll und liebenswert macht – uns eben magisch anzieht.

Ich habe schon einiges über Kreta geschrieben, und doch gibt es immer wieder Neues, Spannendes und Ereignisreiches, das einem dort begegnet und es wert ist, festgehalten zu werden. So ist dieses Buch entstanden; ich habe darin Erlebnisse, Eindrücke und Geschichten gesammelt, die mich fasziniert haben, obwohl sie wenig miteinander zu tun haben. Das einigende Band, das sie alle miteinander zusammenhält, ist die Liebe zu Kreta. Ein bunter Strauß von Impressionen also, die wenn sie denn Gefallen bei den Lesern finden sollten, einen kleinen Beitrag zum besseren Verständnis dieser wunderbaren Insel leisten können.

Arn Strohmeyer
Bremen, Herbst 2022

I. Region

Das Haus auf dem Felsen am Libyschen Meer

In wie vielen Häusern hat man im Leben nicht schon gewohnt oder ist in ihnen ein- und ausgegangen – die Zahl ist Legion. Wie kommt es dann, dass eines eine ganz besondere Bedeutung gewinnt, zum Mittelpunkt des Lebens wird, obwohl man es gar nicht ständig bewohnt und es nicht einmal Eigentum ist? Dazu ist es ein Haus, das gar keine Besonderheiten aufweist, von schlichter Einfachheit ist, also über keinerlei Luxus verfügt. Ganz im Gegenteil. Es ist aus rauem Naturstein gebaut und im Inneren eher karg eingerichtet: Bett, Tisch, Stühle und eine Kochgelegenheit gibt es, auch eine Dusche für die Körperpflege. All das ist genug für ein einfaches Leben. Mehr bedarf es nicht.

Das Haus, von dem ich spreche, liegt in dem kleinen Dorf Lentas an der Südküste Kretas, oben auf einem malerischen Felsen. Man kann es deshalb von weither sehen. Mächtige Holzsäulen überragen eine große, viel Raum einnehmende Terrasse auf der Vorderseite. Ein hölzernes Vordach schützt auf der Rückseite den Eingang zu meiner Behausung vor den heißen Strahlen der kretischen Sonne und den im Herbst mächtig einsetzenden Regenschauern. Ich sitze dort lesend, schreibend, nachdenkend oder Musik hörend und genieße den schönsten Ausblick der Welt.

Eine Treppe aus Naturstein führt auf ein kleines Plateau, auf dem chaotisch verstreut große und kleine Kiesel liegen, teils vom Meer abgewaschen und abgeschliffen, einige ganz weiß, andere dunkel von fantastischen Maserungen und Adern durchzogen. Kleine Geckos huschen durch das Steingewirr, verharren, blinzeln in die Sonne und sind ganz schnell wieder verschwunden.

Ein großer Kaktus, der seine Arme in alle Richtungen

Blick von „meinem" Haus auf Lentas und den Löwenberg

streckt, überlebt auf schmaler Erde, denn der Topf, der ihn einst trug, liegt in viele Scherben zerbrochen um ihn herum. Direkt vor mir ragt eine Tamariske mit ihrer grauen rissigen Rinde in den azurblauen kretischen Himmel. Sie gibt mir ein wenig Schatten. Ich bewundere dieses einmalige Naturphänomen, das viele Monate in der regenlosen Zeit ohne Wasser auskommt und das Wenige, das sie braucht, offenbar dem Meerwasser entnimmt, indem sie es auf natürlichem Weg entsalzt.

In den schrundigen Ästen der Tamariske mit ihrem wie ein exotisches Gehänge wirkendem grünen Blattwerk tummeln sich Vögel – schilpende Spatzen, gurrende silbrigfarbene Wildtauben und mit einem zarten Gesang kleine gelbe Finken. Möwen überfliegen krächzend die Szene, Schwalben vollziehen über mir ihre fantastischen Flugkünste. Manchmal kreist ein Seeadler nach Beute spähend über dem Meer. Und in der heißen Jahreszeit geben die Zikaden ihr nicht enden wollendes metallisch klingendes Konzert in dem Baum.

Durch einen herabhängenden Ast der Tamariske blicke ich auf die Weite des Libyschen Meeres und ahne in der Ferne die

Küste Nordafrikas. Verlasse ich meinen Platz und trete direkt unter den Baum, sehe ich schroffe braune Felsformationen, die da wie Riffe ruhig und ergeben im stillen Meerwasser liegen. Zumeist um den Mondwechsel herum kann die felsige Idylle zum sturmgepeitschten chaotischen Ausnahmezustand werden. Dann wühlt Poseidon in seinem Zorn die Wellen mächtig auf, die Wogen schlagen dann in immer neu anrollenden Schüben gegen das Felsgestein und lassen die weiße Gischt hoch aufspritzen, um dann wieder für einen Augenblick zurückzufallen. Dieses Schauspiel findet an dieser Stelle seit Äonen statt und es wird in weiteren Äonen stattfinden, ich bin nur in dieser kurzen Erdensekunde der Zeuge.

Ein paar Schritte weiter steht ein klobiges Holzgerüst aus Balken und Stangen, dessen Funktion und Sinn sich nicht sofort erschließen. Aber es steht in bester künstlerischer Absicht dort. Mein guter Freund Piero Meogrossi, der frühere Direktor des Kolosseums in Rom, hat hier eine Skulptur von Europa mit dem Zeusstier geschaffen. Denn Piero ist fest davon überzeugt, dass der Herrscher auf dem Olymp mit seiner schönen geraubten Beute aus dem Phönizierland kommend, hier irgendwo an Land gegangen ist. Aus Alltagsmaterial – Plastiktüten, Zeitungspapier, Wasserflaschen sowie hölzernen und eisernen Stangen – hat Piero sein Kunstwerk geschaffen. Aber es hat nicht lange Bestand gehabt – Wind und Wetter haben es bald zerzaust und von dem mächtigen Stierkörper und der schönen Europa ist nur das nackte Holzgerüst übriggeblieben. Ein Symbol für das uneinige und zerrissene Europa, das auch nicht im besten Zustand ist, meint Piero …

Ein mythischer Berg

Ich wende meinen Blick auf die kleine Bucht, die von dem Felsen, auf dem ich residiere, dem kleinen Dorf mit seinen weißen Häusern mit den blauen Fensterläden und dem gewaltigen Berg eingerahmt wird, der seinen Namen von dem König der Tiere erhalten hat. Massig und majestätisch liegt er da mit seiner schroffen und schrundigen Felsenhaut, das königliche Löwenhaupt nach Afrika gerichtet, als sehne er sich zurück nach dem Kontinent, von dem er und die Seinen einst gekommen sind.

So wie er da liegt, haben ihn schon unzählige Menschengeschlechter gesehen: Minoer. Phönizier, Dorer, Römer, Byzantiner, Sarazenen, Kreuzfahrer, Venezianer und Türken sowie immer wieder die Seeräubert, die an diesen Küsten ihr Unwesen trieben. Die Stürme der Geschichte haben den Löwenberg nicht berührt, stoisch und gelassen hat er den Taten und Untaten der Menschen getrotzt und seine Gestalt über die Jahrtausende nicht verändert.

Es verwundert nicht, dass sich schon in sehr früher Zeit der Mythos des steinernen Riesen angenommen hat. Dieser Löwe soll einer aus dem Gespann sein, das den Wagen der Göttermutter Rea zogen; er wurde schließlich versteinert. Über den Grund der Versteinerung wurde in der Antike heftig gestritten. Eine Version behauptet, dass Rea selbst den Löwen bestraft hat, weil er sich heimlich absetzen wollte, um ihr großes Geheimnis zu verraten: dass sie in der Höhle oberhalb der Nida-Ebene im Ida-Gebirge den jungen Zeus versteckt hatte, um ihn vor seinem Vater Kronos zu schützen, der seine Kinder fraß, weil er fürchtete, sie könnten ihn von seinem Herrscherthron stürzen.

Die andere Version besagt, Rea selbst habe den Löwen erlöst, als er völlig erschöpft und schwer verwundet war, indem sie ihn in Stein verwandelte. Er sollte sich als Belohnung für treue Dienste für immer mit dem Blick auf die herrlichen Küsten des Libyschen Meeres ausruhen können.

Besteigt man den Riesen, wird sofort eine andere Gestalt aus dem Mythos präsent: Der Hirtengott Pan. Seit Urzeiten ist die Höhe dieses Berges das Reich der Schafe und Ziegen. Immer wieder ziehen sie über den Rücken des Löwen, obwohl es dort nur wenig Äsung gibt. Ihre Losung hat im Lauf der Jahrhunderte einen weichen Untergrund geschaffen, auf dem der Schritt tief einsinkt. Die Welt hier oben ist so archaisch-bukolisch und so weit von der Zivilisation unten an der Küste entfernt, dass man es gar nicht als ein Wunder ansehen würde, wenn Pan, dieses Mischwesen mit dem Oberkörper eines Menschen und dem Unterleib eines Widders, mit seinem gekrümmten Hirtenstab und seinem Satyrgefolge hier plötzlich auftauchte und auf seiner Flöte zu einem wilden Tanz aufspielen würde. Steht man auf dem Gipfel des kolossalen Berges, erscheint die Welt unten klein und spielzeughaft. Hätten wir nicht eine ganz andere Sicht auf das unselige Treiben der Menschen auf dem Planeten, sähen wir es immer aus der Höhe und Distanz eines solchen Felsriesen?

Das Meer liegt dem Riesen zu Füßen, ständig seine Farbe wechselnd: am Morgen klarblau, transparent und fast wellenlos, am Abend, wenn die Sonne untergegangen ist, dunkel und schwermütig. Mich fasziniert am meisten die Mittagsstunde, wenn die Sonne gleißend auf dem Wasser liegt und Myriaden von Lichtfunken glitzern und flackern, aufblitzen und sofort wieder verschwinden, um an anderer Stelle wieder neu zu erscheinen. Ein blinkendes, flimmerndes Schauspiel ohne Ende.

Dieses berauschende Naturevent erinnert mich an die Faszination, die das Licht der Sonne auf die antiken Griechen ausübte. Dieses Wunder des Lichts hat der britische Schriftsteller Robert Payne so beschrieben: „Sie liebten alle glänzenden Dinge, den Frost und den Tau, die Gischt des Meeres und die Brunnen, die Blätter im Frühling, Samen, Blumen, Früchte, das Licht der Öllampen und die Sternennacht – ihre ewige in Sonnenlicht getauchte Küste. Die Griechen wussten um die Vollkommenheit ihres Lichtes und sprachen darüber fast ein wenig befangen, gleichsam als könnten sie es nicht fassen, dass so viel Schönheit ihnen allein gegeben war. Das Wunder des Lichtes machte sie die Kargheit des Landes vergessen.“ Sie hatten sogar einen Gott, der dieses Licht symbolisierte: Apollon, den Gott des überirdischen Lichtes. (Payne 1976, 12f.)

Der heilende Gott, der im Schlaf erschien

Das Meer, das zu Füßen meines Felsens liegt, birgt immer noch faszinierende Schätze. Lentas war in der Antike ein bedeutendes medizinisches Zentrum. Noch ganz der religiösen Sicht auf die Heilkunst verschrieben, versuchten die Priester oben im dem Gott Asklepios geweihten heiligen Bezirk die Menschen im Schlaf gesund zu machen. Der milde und freundliche Gott erschien ihnen im Schlummer, hörte sich ihre Leiden an, gab Ratschläge oder heilte gleich an Ort und Stelle. Uns Spätergeborenen mag dieser Weg zur Heilung komisch und absurd vorkommen, aber die damaligen Menschen haben fest an die Methoden des Asklepios geglaubt. Und wenn es auch Suggestion oder Einbildung war, für viele Leidende war Asklepios die letzte Hoffnung, und viele Votivtafeln belegen, dass der Gott ihnen offenbar geholfen hat.

Und weil Lentas ein so bedeutendes Heilzentrum war, das die Menschen von nah und fern aufsuchten (selbst die Anwesenheit von Patienten aus Ägypten ist belegt) traf der Fanatismus der Christen die Heilstätte mit aller Wucht. Ihrer Zerstörungswut gegen alles Heidnische fiel auch der heilige Bezirk des Asklepios zum Opfer. Es ist nicht viel geblieben von der Herrlichkeit, als die Säulen noch standen. Auf der heiligen Stätte ragen da, wo sich der Tempel einst befand, noch zwei Stelen einsam in den Himmel, überall liegen marmorne Relikte herum – Zeugen der großen Vergangenheit. Aber triumphierend steht mitten auf dem einst heiligen Hain ein Kirchlein, in großen Teilen errichtet aus der zum Steinbruch gewordenen antiken Baukunst – ein symbolischer Sieg der neuen intoleranten Herrscher über eine der geistig fruchtbarsten Epochen der Menschheitsgeschichte.

Auch vor meinem Haus auf dem Felsen liegen die Überbleibsel von Asklepios‘ Anwesenheit hier. Er hat über 1000 Jahre auf seiner Stätte oben am Berg regiert. Säulenreste liegen hier, zum Teil noch gut erhalten, zum Teil von Meerwasser abgeschliffen, aber immer noch Zeugnis gebend von Lentas‘

großer Geschichte. Direkt unter mir ist auf dem Meeresgrund noch vieles von den marmornen Schätzen verborgen. Denn einst war Lentas der Hafen der großen dorischen, später römischen Stadt Gortys. Auch die Minoer hatten hier schon gesiedelt. Für die Archäologen gibt es noch viel Arbeit.

Die Bucht am Löwenberg hat einen langen Dornröschenschlaf hinter sich. Ein dichter Tamariskenwald breitete sich oberhalb des Strandes aus, dort wo heute der Ort liegt, und ließ die Zeit für Jahrhunderte völlig vergessen. Um 1900 gruben italienische Archäologen das Heiligtum bzw. das, was von ihm geblieben ist, aus. Im Jahr 1924 kam der kretische Schriftsteller Nikos Kazantzakis hierher; er sollte später mit seinem Roman *Alexis Sorbas* Weltruhm erlangen.

Obwohl es hier nichts von den üblichen Bequemlichkeiten der Zivilisation gab (Hotels, Restaurants und Läden), war er begeistert von der grandiosen Natur und vermisste nichts. Er hat von hier enthusiastische Briefe an seine Freundin Eleni geschrieben. Er bat sie, nach Kreta zu kommen und mit ihm nach Leda (so nennt er Lentas-Lebena) zu reisen. „Genossin", so spricht er Eleni in seinen Briefen an, „das Leben ist doch wunderbar. (...) Zusammen werden wir die teure Insel sehen, zusammen am Ufer des Libyschen Meeres sitzen, Afrika gegenüber!" (Kazantzakis 1991, 28)

Eleni kam wirklich und hat später ihr Eintreffen dort wenig einladend beschrieben: „Eine Mineralquelle – wenn sie auch nur tröpfelte – in einem tiefen Obstgarten. Zitronen- und Zedratbäume mit saftigem, dunklem Laub, wie sie der Zöllner Rousseau liebte. Wütende Fliegen und Ameisen. (...) Ein halbmondförmiger Strand, von zwei Seiten durch steil abstürzende Felsen eingeschlossen. Ein einziges Dach: ein Speicher, mit Krügen und Getreide gefüllt. Ein einziger Bewohner: ein halb tauber und blinder Greis. Leda ... weder Tisch noch Bett, keine Wäsche, nichts, was die Illusion von Behaglichkeit hervorrufen könnte. Ameisen, Fliegen und heller Sand, der rauchte wie geschmolzenes Zinn." (Ebd.)

Eleni muss ihren Entschluss, hierher zu reisen, wohl schon bei der Ankunft bereut haben. Sie schreibt: „'Bitte, ein Glas

Wasser', sagte ich mit trockener Kehle nach so vielen Stunden auf dem Maultierrücken quer durch das ausgedörrte Gebirge. Der Greis erhebt sich, streichelt sich den Bart, wischt sich die knotigen Hände an den indigofarbenen Hosen ab, sucht tastend den Stock und macht sich auf den Weg zur Quelle. Er kehrt mit einer Schale lauwarmen Wassers zurück, in dem riesige Ameisen schwimmen. ‚Ameisen!' schreie ich, Tränen in den Augen.'" (Ebd.)

Kazantzakis führte das Nacktbaden ein

Kazantzakis arbeitete in Lentas intensiv an seiner *Odyssee*, der Rest des Tages war der Lektüre und dem Baden am Strand gewidmet. „Am Tage lasen wir, in einer engen Grotte kauernd, vernünftigerweise *Ilias*, Goethes *Iphigenie auf Tauris*, Äschylos und Tschechow", notierte Eleni. Kazantzakis führte in Lentas das Nacktbaden ein – für die damalige Zeit wohl ein ungeheurer Vorgang, von dem die Leute in der Gegend noch Jahrzehnte später erzählten. Eleni erinnerte sich später an diese kleine Rebellion gegen „Sitte und Anstand" und gegen die Kirchenmoral: „Verlegenheit, weil er nicht will, dass sich irgendein Lappen Stoff zwischen unsere Körper und das Meer legt. Dennoch war er äußerst schamhaft, und ich musste eine ganze Weile neben ihm auf der Insel leben, um die Beweggründe für sein Verhalten in Leda und seine Verehrung für das belebende Element zu begreifen." (Ebd., 101)

Lentas ist der Beginn der großen Liebe zwischen dem Schriftsteller und der *Genossin*, die er nach der Scheidung von seiner ersten Frau Galathea Alexiou heiraten und die ihn bis zu seinem Tod begleiten wird. Pathetisch und zugleich romantisch bekennt er in einem Brief an Eleni vom Herbst 1924 aus Heraklion: „Ein Mann und eine Frau abends am Strand – existiert Höheres im All?" (Ebd., 103) Zur selben Zeit schreibt er in einem anderen Brief an die *liebe, liebe Genossin*: „Doch wäre es, und ich müsste jetzt plötzlich sterben, so würde vor meine Augen das Meer bei Leda treten, unser Fels, der glühend heiße Kiesel, die flammenden Zitronenbäume, ihr schlanker biegsamer Leib, ihr schmaler und verschlossener Mund. Ach, voll von Wunderbarem ist diese Erde, und unser Herz ist ein nie befriedigtes, furchtbares Mysterium, das die ganze Höllenqual des Lebens in heilige Trunkenheit umwandelt. Erinnern Sie sich doch – welch ein Ringen, um Leda in ein Paradies zu verwandeln!“ (Ebd., 104)

Er wird diese Zeit mit Eleni immer in der Erinnerung bewahren: „Genossin, ich danke Gott dafür, dass es Sie gibt und für die unvergesslichen Tage und Nächte in Leda. Ich ringe darum, die Sinnlosigkeit allen Strebens und zugleich die Ewigkeit jeden Augenblicks zu erleben. Ach, Genossin, wann werde ich wieder mit Ihnen zusammenleben können?“ (Ebd., 110)

Der Strand, an dem Kazantzakis mit Eleni lag, ist nur wenige Meter von mir entfernt. Vielleicht hat er auch bisweilen an meinem Platz hier oben auf dem Felsen verweilt – damals, als es mein Haus dort noch gar nicht gab. Wenn ich dort sitze und an das karge und einfache Leben denke, das die beiden hier führten und dennoch sehr glücklich waren, dann wird mir bewusst, wie wenig es zur Zufriedenheit und zum Glück bedarf. Aber was treibt die Menschheit mit ihren Techniken und Maschinen für einen Aufwand, um uns mit Dingen zu beglücken, die wir eigentlich gar nicht brauchen und die durch ihren Herstellungsprozess und die anschließende Vermüllung genau das zerstören, was unsere Zufriedenheit und unser Glück ausmachen.

Der Planet Erde steht kurz vor seinem ökologischen Kollaps – hier vor meinem Haus auf dem Felsen sitzend, habe ich die ahnende Idee von einem Leben, das im Einklang mit den planetarischen Gesetzen der Natur steht und uns allen – der ganzen Menschheit – ein Leben in Sicherheit und Frieden schenken könnte, wenn wir es nur wollen ...

Brotbacken als kommunales Ereignis im Bergdorf Miamou

Kretas Dörfer – besonders die Bergdörfer waren einst sehr arm. Die Menschen besaßen kaum das zum Leben Notwenige. Die karge Felsenlandschaft gab landwirtschaftlich nicht viel her, Schafe und Ziegen waren oft der einzige Reichtum. Die Türken, die die Insel Jahrhunderte lang beherrschten, pressten aus den Kretern obendrein das Letzte heraus. Armut als Lebensschicksal.

Die deutsche Abenteuerin Elpis Melena (1818 bis 1899), die noch in der osmanischen Zeit Kretas auf der Insel lebte, erzählt in ihren Erinnerungen von einer Reise, die sie mit Freunden von Chania aus in den ländlichen Osten unternahm. Die kleine Reisegesellschaft, die mit Pferden unterwegs war, hoffte sich in den Dörfern mit Lebensmitteln versorgen zu können. Aber es gab nichts – nicht einmal für gutes Geld – bestenfalls ein paar Feigen und Hühnereier. Nur in den besser gestellten Klöstern konnte man auf eine Mahlzeit und eine Übernachtungsmöglichkeit hoffen.

Die Menschen konnten also nicht einfach, was heute ganz selbstverständlich ist, in die Bäckerei oder den Dorfladen gehen, um sich mit dem Nötigsten zu versorgen. Es gab weder den Laden noch die Bäckerei – es herrschte das Prinzip der Selbstversorgung. Jeder musste sehen wie er zurechtkam. Mit einer Ausnahme: Man sorgte gemeinsam für das tägliche Brot.

Und das funktionierte so: In so gut wie in jedem Dorf gab es einen großen Gemeinschaftsofen – zumeist mit einem schützenden Dach, damit die Dorfgemeinschaft unabhängig vom Wetter sich dort zu der großen Zeremonie des Brotbackens versammeln konnte. Das Mehl brachten die Bewohner mit oder es wurde gegen geringe Bezahlung vom Dorf besorgt. Dann bereiteten die Frauen in Holzkübeln den Teig zu, ließen ihn aufgehen, formten die Brotlaibe, und die Män-

Brotbacken in Miamou

ner platzierten sie mit Holzschiebern in dem stundenlang angeheizten und jetzt glühend heißen Ofen.

Obwohl dieses Ritual schon viele Male durchgeführt wurde und alle es genau kennen, liegt dort vor dem Ofen immer eine spannungsgeladene Erwartung über der kleinen Gemeinschaft, die nun die Zeit bis zum Aufmachen des Ofens für ein Schwätzchen und den Austausch der letzten Neuigkeiten nutzt. Die Blicke richten sich immer wieder auf die große gusseiserne, verschlossene Ofentür, als würde sich beim Öffnen der Tür ein Wunder ereignen.

Endlich ist es soweit, die Männer lösen die schwere Verankerung der Ofentür und öffnen sie. Ein wunderbarer Brotgeruch strömt heraus. Die Männer greifen zu den langen hölzernen Schiebern und ziehen die hellbraunen Brotlaibe heraus, die die Frauen sogleich mit Tüchern abdecken und an der Seite auf Tischen und Regalen abstellen. Jetzt beginnt die eigentliche Zeremonie. Der Pope segnet die Brote. Die Frauen schneiden das noch warme Brot in Scheiben, bestreichen sie mit Schweineschmalz, streuen mit der Hand ordentliche

Salz darauf und verteilen die Schnitten dann an die neugierig Wartenden.

Nach getaner Arbeit versammelt sich die Dorfgemeinschaft im zentralen Haus der Ortschaft, sitzt beisammen, plaudert und genießt kleine leckere Köstlichkeiten, die die Frauen vorbereitet haben: Dolmades, Feta, Tzaziki, Oliven, Tiropitas und ... Dazu gibt es Wein und Raki, so viel Herz und Magen begehren. (Man kann natürlich auch nur einen Kaffee bekommen.) Es wird viel erzählt und gelacht – das Brotbacken ist der Anlass, wieder einmal zusammenzukommen, sich des Zusammenhaltes und der Identität der Gemeinschaft zu versichern. Eine zauberhafte Zeremonie!

Gibt es sie auf Kreta noch, wo doch heute jedes Dorf seine Bäckerei und seinen Supermarkt hat? Der Initiator der Aktion, Costas Manidakis, hat es sich zur Lebensaufgabe gemacht, sein arg durch Erdbeben und Abwanderung zerstörtes Bergdorf Miamou nahe Lentas wiederaufzubauen und eine neue funktionierende Dorfgemeinschaft ins Leben zu rufen. Deshalb hat er neben einem Gemeinschaftshaus als erstes einen großen Ofen mit Vorhalle zum Brotbacken errichtet.

Und die Leute haben seine Initiative mit Begeisterung angenommen, mehrmals im Jahr wird in Miamou wieder gemeinsam Brot gebacken und jedes Mal ist es ein großes Fest! Ich schätze mich glücklich, mehrmals dabei gewesen zu sein, und es gehört zu meinen eindrucksvollsten Erlebnissen auf der großen Insel!

Die bezaubernden Steine von Lentas

Steine haben den Menschen durch seine ganze Geschichte begleitet, ohne diese unbelebte Materie wäre der homo sapiens *unbehaust*. Ob in Höhlen oder Häusern wohnend, er braucht sie für seinen Schutz und seine Geborgenheit. Ohne Steine gäbe es keine Kultur und keine Zivilisation. Und doch widmen wir Steinen wenig Aufmerksamkeit, beachten sie kaum, sie sind tote Masse, Gebrauchsmaterial eben –, und werden heutzutage meistens auch künstlich hergestellt oder sind längst vom leblosen Beton abgelöst.

Lentas ist für mich ein Ort der Steine. An keinem anderen Ort spielen für mich Steine eine so wichtige und wunderbare Rolle wie hier. Man begegnet ihnen in allen Ausformungen und Gestalten auf Schritt und Tritt. Da ist vor allem der riesenhafte Löwenberg, der das Dorf überragt, von überall her sichtbar ist und der Fels und Stein so gegenwärtig sein lässt. Wie er so daliegt und sich weit ins Meer schiebt – ewig und unberührbar – ist dieser felsige Löwe ein Inbegriff des Mythos. Seine schroffe, poröse und schrundige Gestalt mit ihren steilen Abgründen, kantigen Rissen, urzeitlichen Auswüchsen, unwirtlichen Grotten und macchiabewachsenen Abhängen zeigt er so schon seit Äonen. Nichts hat sich in den Zeitläufen verändert.

Blicke ich auf das Meer, dann sehe ich das ewig anflutende Wasser auf braune bizarre Felsen aufprallen, manchmal sanft und schmeichelnd das Gestein umspülen, dann wieder heftig und gewaltsam dagegen vorstoßen und weiße schaumige Gischt erzeugen. Zwischen den braunen nassglänzenden Felsbrocken tanzen die Wellen schimmernd und das Sonnenlicht reflektierend über opal- oder anthrazitgrüne Kiesel, die märchenhaft schön und wertvoll erscheinen.

Manchmal setze ich mich direkt an den Strand, schließe die Augen und höre dann das mahlende Klicken der vielfarbig braunen, marmorweißen, vulkanschwarzen, jadegrünen und

Faszinierende Steine am Strand bei Lentas

hell geäderten, von der Gischt des Meeres glänzenden Steine. Wenn der ewig schlagende, schwappende Rhythmus der Salzflut sie in immer neuen Schüben das sanft ansteigende Ufer hinaufschiebt, geraten sie wie wild gewordene Insekten in panische Bewegung, berühren, umarmen, lieben, verdrängen, überlagern, stoßen sich – und fallen mit dem schmatzenden und glucksenden Rückgang der Flut wieder zurück in verharrende Starre, um sofort wieder von einem neuen Schub der Urkraft der Wellen schiebend ergriffen zu werden.

Und wieder beginnt das klickende, stoßende, rollende muntere Spiel von Nähe, Berühren, Abstoßen und kurzer Ruhe, von Wechsel, Zufall und Gesetz – ein mystischer erotischer Tanz, der seit Urzeiten andauert und nie enden wird. Alter, Zeit, Geschichte, Vergangenheit und Tod scheinen aufgehoben in diesem ewig klingenden Reigen der Steine, in diesem saugenden Geschling und Gezisch der Gezeiten, die kein Verweilen kennen. Aber auch dieser Tanz ist vergänglich, trägt Verfall und Sterben der buntbewegten Schönheit in sich. Denn die immer nagende Kraft des Meeres wird die Steine so lange ihren gläsern-klickenden, sinnlich-liebenden Tanz

Die Steine bezaubern durch ihre bizarre Form

aufführen lassen, bis nach immer neuen Verformungen ihre schimmernde, leuchtende Substanz – sich abschleifend – einst zu Sand zermahlen und ihr Gesang verstummt sein wird. Und so habe ich die Vision, dass das tanzende Spiel der Steine ein Abbild des Lebens ist.

Am Rand des Ortes stehen verfallene Häuser, die Menschen vor Generationen aus Steinen, wie die Natur sie hergibt, errichtet haben, die Wände Stein für Stein schichten, wo sie jeweils gerade hinpassen und dabei eine fantastische Struktur von unregelmäßiger Regelmäßigkeit erschaffen. Über Jahrhunderte wurde diese Technik angewendet, bis der Betonwahn zum Fortschritt erklärt wurde und Häuser mit dieser leblosen Masse am Fließband gegossen werden. Heute hat man die alte Natursteintechnik allerdings wiederentdeckt.

Wie primitive steinerne Zeugen einer längst vergangenen Zeit stehen diese alten Natursteinhäuser da, vor Jahren noch als Ziegenpferche genutzt, heute hausen Spatzen, Mäuse und Geckos in den Rissen und Spalten des Gemäuers. Diese dachlosen Ruinen erinnern an ein Kreta, das es nicht mehr gibt – aber sie enthalten große Geschichte: Überall sind antike

Marmorstücke und die von den Römern benutzten flachen roten Ziegeln im Mauerwerk eingebaut. So wie oben in den Wänden des kleinen Kirchleins. Gleich neben seiner Tür ist das herrliche marmorne Teil einer korinthischen Säule zu sehen.

Zwischen den alten Häusern ragt ein uraltes Mauerwerk in die Höhe. Die groben, unbearbeiteten Steine sind mit grauem Mörtel fest verbunden. Vermutlich sind es Reste des Hafens aus römischer Zeit, denn Lentas war damals der Hafen der großen Stadt Gortys in der Messara. Aber auch in griechisch-dorischer Zeit werden schon viele Kranke und Hilfesuchende hier im antiken Heilort mit dem Schiff angekommen sein.

Als die Säulen noch standen, war in Lentas vieles aus glänzendem weißem Marmor gebaut, später wurden die erhabenen antiken Bauwerke jedoch als Steinbruch genutzt. Es gibt kaum eine alte Mauer oder Wand in Lentas, aus der nicht Marmorstücke blitzend und leuchtend hell hervorschauen. Für die Menschen der Antike war er das wichtigste Material überhaupt. Ihr ganzes Leben und die ideale Schönheit ihrer universalen Vorstellungskraft haben sie mit diesem Stoff gestaltet. Die Generationen nach ihnen hatten den Sinn für die Schönheit der antiken Kunst und ihre Harmonie verloren und gaben alles der Zerstörung preis.

Lentas ist trotz aller Verwüstungen immer noch voll mit Relikten aus Marmor und Stein der Antike wie vermutlich wenige Orte auf Kreta. Im Boden ruht noch vieles, die Archäologen müssen nur den Spaten ansetzen. Überall im Ort haben sie Mauerwerk und Säulen freigelegt, sie liegen da stumm herum – eigenartig fremd, ja fast befremdlich künden sie in der Gegenwart von einer Zeit, die so fern und doch so nah ist.

Heute zeugen nur noch zwei ragende Säulen des Tempels und verfallene, von den Jahrhunderten zerbrochene und abgewetzte Baureste, einzelne Marmorstücke und Tonscherben von der ausstrahlenden Kraft dieses antiken Heilortes, der viel Krankheit und Leid, aber auch Hoffnung und Glück gesehen haben muss. Und deshalb ist Lentas für mich der Ort der sprechenden Steine ...

Die zauberhaft-skurrile Zeichenwelt des Christos Tousis – jetzt auch als Skulpturenpark

Ich habe Christos in der Bar von meinem Freund Jannis Lambrakis in dem kleinen Dorf Lentas an der kretischen Südküste kennengelernt. Christos war dort Barkeeper. Was an ihm sofort auffällt, ist sein markanter (haarloser) Kopf mit den scharf geschnittenen mediterranen Gesichtszügen, hinter denen man eher einen Intellektuellen als einen Barmann vermutet. Und: Christos spricht ein so perfektes Deutsch ohne Akzent, dass jeder ihn sofort fragt: „Wo hast du das gelernt?“ Worauf Christos immer dieselbe Antwort gibt: „Im Goethe-Institut in Athen.“ Aber natürlich hat er seine deutschen Sprachkenntnisse auch im täglichen Umgang mit den deutschen Touristen an der Bar erweitert. Und da zeigt sich auch ein weiterer typischer Zug dieses aus Athen stammenden Griechen: sein überaus freundliches und Menschen zugewandtes Wesen. Christos geht auf jeden Gast äußerst liebenswürdig und interessiert ein, auch wenn die Gesprächsangebote von der anderen Seite des Bartresens bisweilen eher banal und nichtssagend sind.

Wegen dieser Eigenschaft habe ich ihn immer bewundert. Und wenn in der Bar einmal nichts los war und Christos ein bisschen Zeit zwischen dem Zubereiten von Cocktails hatte, dann erzählte er auch von sich selbst: dass er der Sohn eines sehr hoch gestellten Richters in Athen ist; dass er ursprünglich auch Jurist werden wollte und dieses Fach in Thessaloniki studiert hat; dass er eines Tages aber genug von der Juristerei hatte und die große Wende in seinem Leben vollzog: Er wollte keine Paragraphen und Akten wälzen, sondern *leben* – Leben immer mit großen L geschrieben. Und aus diesem Drang nach Leben heraus wurde er Barkeeper, erst auf der Insel Antiparos und dann in Lentas auf Kreta.

Chrstos Tousis mit einer Skulptur

In diesem kleinen Dorf an der kretischen Südküste frönte er nebenbei seinem großen Hobby: dem Zeichnen und Malen. An solchen ruhigen Abenden in der Bar holte er unter dem Tresen dicke Alben hervor und zeigte mir seine Werke: kleine gezeichnete Formate, die zumeist von abgrundtiefer, skurriler Komik sind, andererseits aber auch lieblich-anmutige Motive darstellen. So etwa das Dorf Lentas und seine Umgebung, dessen markante Merkmale er immer wieder in klaren langgezogenen Linien ohne jedes Beiwerk und Detail zeichnet: den gewaltigen Löwenberg, der wirklich wie der König der Tiere mit mächtigem Mähnenhaupt weit ins Meer gestreckt daliegt, dazu den sich um Berge und Hügel windenden Küstenstreifen des Libyschen Meeres und immer auch den Felsen, der schroff aus dem Meer herausragt und wirklich wie ein Elefant aussieht. Darüber – je nach Tageszeit – die runde Kugelgestalt der Sonne oder des Mondes. Dieses Küstenpanorama fängt Christos mit seinen Linien so gekonnt ein, dass man wirklich den *Genius loci* zu spüren meint.

Kunstkenner, die sein Werk begutachtet haben, sprechen von *minimalistischer Grafik*. Aber dabei belässt Christos es nicht, oft belebt er die Szenerie auch in fast romantischer Manier: Da kann der Löwenberg lächelnd und verliebt mit der Sonne flirten, und der felsige Elefant schaut von unten etwas pikiert und überrascht zu. Da klettert eine ganze Armee von Bienen (oder Ameisen) den Löwenberg hinauf, hängt sich dort an Gleitschirme und segelt in Richtung Elefant. Oder: Christos spannt ein Seil vom Löwenberg bis zum Mond, auf dem unter dem grandiosen Sternenhimmel elfenartige Fabelwesen tanzen.

Oder: Christos dreht die Badefreuden der Touristen am Stand einmal spiegelbildlich um: Da kommen tief im Meer am Fuß des Löwenberges schildkrötenartige Riesenfische, mit Taucherbrille, Schnorchel und Unterwasserkamera ausgerüstet, angeschwommen, um einen Badegast, der tauchend Flora und Fauna des Meeres erkunden will, zu begaffen und zu fotografieren, was diesem einen solchen Schreck einjagt, dass er schleunigst das Weite sucht. Mir gefällt ein anderes Motiv ganz besonders, weil ich mich irgendwie getroffen fühle: Mit einfachen schwarzen Linien auf weißem Grund stellt Christos einen Büchervielleser dar. Dieser Mensch, von dem hinter den Buchrücken nur der Unterkörper und die Beine zu sehen sind, ist so versessen in seine Lektüre vertieft, dass Christos ihn in acht verschiedenen Stellungen zeigt, wie er von rechts und links, von oben und unten mit komischen Verrenkungen in sein Buch regelrecht hineinkriecht, bis er ganz darin verschwunden ist.

Im Sommer 2018 besuchte ich Christos in seiner sehr einfachen aber wunderschönen Klause oben am Berg in Didikos (dem Nachbardorf von Lentas), wo er lebt und arbeitet. Die Aussicht dort oben auf den Löwenberg und die sich weit bis Kali Limenes erstreckende Küstenlandschaft ist atemberaubend und grandios. Man ahnt Afrika hinter dem Horizont des Libyschen Meeres, auf dem große Schiffe vorbeiziehen. Was für ein bezaubernder Ort – zum kreativen Arbeiten für einen Künstler wie geschaffen! Wir essen wunderbar reife Melonen und trinken dazu herrlichen Kreta-Wein, ich kann den Blick von dem fantastischen Panorama nicht abwenden.

Christos hat noch eine Überraschung. Neben ihm wohnt ein betuchter österreichischer Wissenschaftler, der sich vor Jahren einen Weinkeller bauen ließ. Eine Treppe führt tief in die Erde, wo sich eine Tür öffnet und Einlass in ein angenehm kühles Gewölbe gewährt, das aus irgendeinem Grund kein Weinkeller mehr, sondern jetzt Christos' Galerie geworden ist. Er hat hier einen Querschnitt seines Werkes hängen – viel hintergründig-skurril Humoriges mischt sich da mit Kritischem an den Zuständen der Gegenwart: Da gleitet etwa ein Surfer genussvoll auf einem Regenbogen dahin, der von den Wolken hinunter bis zur Küste von Lentas reicht; da sitzt ein eigenartig an eine Eule erinnernder Mensch auf einem Stapel Bücher und liest mit großen neugierigen Augen ein Buch mit dem Titel *Homo sapiens*.

Und dann auch Zeitkritisches: Ein Schwarm von völlig gleich aussehenden grünen Fischen schwimmt in die eine Richtung, nur ein rotes Exemplar derselben Spezies schwimmt ganz allein in die Gegenrichtung, also gegen den Strom – eine gelungene Parabel für Konformismus auf der einen und Zivilcourage auf der anderen Seite. Und dann ist Christos noch etwas Gelungenes eingefallen: Die kleinen Stummel der Buntstifte, die er in den letzten Jahren zum Zeichnen benutzte, hat er in einem Bild – angeordnet in sieben Etagen – vielfarbig nebeneinander aufgereiht. Bunt und dennoch monoton stehen sie mit der Spitze nach oben, weshalb er das Bild auch *Reihenhäuser* genannt hat.

Christos griff dann in eine Ablage mit Mappen, zog eine heraus und zeigte mir politische Karikaturen, die er früher für linke Zeitungen und Zeitschriften gemacht hat. Gekonnte kleine Arbeiten, die die große Politik damals aufs Korn nahmen. Aber von diesem Metier hat er sich abgewandt, wohl aus Enttäuschung über die Politik, die so ganz anders gelaufen ist, als die Generation um 1968 sich das damals vorgestellt hatte. Dennoch erzählt er gern, wie er als linker Student 1974 an der Universität von Thessaloniki am Aufstand seiner Kommilitonen gegen die Militärjunta teilgenommen hat, wie die Panzer bedrohlich gegen das Universitätsgebäude anrückten und die

Soldaten brutal zuschlugen. „Aber“, sagt Christos lachend, „ich war einmal ein sehr guter Leichtathlet und konnte sehr schnell laufen, viel schneller als die schwer bewaffneten Soldaten. Und deshalb haben sie mich nicht gekriegt.“

Es war ein langer Weg von diesen rebellischen Zeiten bis ins beschauliche Lentas, wo Christos zu einem originellen Künstler gereift ist.

Ein Garten mit Skulpturen entsteht

Im September 2022 habe ich Christos auf seinem Bergdomizil wieder besucht. Es gab viele neue Bilder und bemalte Steine zu bestaunen. Aber eine Neuerung nimmt immer mehr Gestalt an: Christos ist dabei, mit Hilfe seines Förderers einen Skulpturenpark aufzubauen. Das Buntstift-Motiv hat er zuerst in eine große Plastik umgesetzt: Sieben riesige bunte Stifte in den Farben hell- und dunkelrot, lila, grün, gelb, blau und grau ragen auseinanderstrebend wie Raketen in den blauen Himmel und sollen wohl andeuten, dass hier einer genau mit diesem Material arbeitet. Die Stifte haben inzwischen Gesellschaft bekommen. Da dreht sich auf einer Stange ein großer schelmisch lachender roter Fisch, der einen Hubschrauber auf dem Rücken trägt, nach den Windrichtungen. Gleich gegenüber leuchten die Lichter eine Ampel wie im Straßenverkehr auf. Sie zeigt aber nicht Stopp oder freie Fahrt an, sondern es leuchten dort – digital gesteuert – lustige Symbole aus Christos Zeichenwelt auf. Er hat die Ampel auf einem Schrottplatz in Athen gefunden und dann für seine künstlerischen Zwecke umgebaut.

Der absolute Höhepunkt des Parkprojekts ist die meisterhafte, minimalistisch gestaltete Skulptur *Artisten*. Wie in einer Zirkuskuppel fliegen sie – kühne Männer und Frauen –, sich gegenseitig an den Händen festhaltend und wieder loslassend, wild durcheinander und doch in strenger Ordnung durch den Raum. Die auf den ersten Blick chaotische Kopfüber- und Kopfunter-Flugschau fügt sich zu einem wunderbar har-

Die Skulptur *Artisten*

monischen Ganzen, durch das man auf die atemberaubende Schönheit der Küstenlandschaft bei Lentas schauen kann. Drei Mal sieben Meter misst das aus Stahl mit einem Laser geschnittene Kunstwerk, das fest auf einem Betonsockel steht und 500 Kilo wiegt. Es ist gerade diese eiserne Schwere, die im Kontrast zu der anmutigen und heiteren Leichtigkeit der fliegenden Artisten-Figuren steht, die der Skulptur ihre Faszination verleiht.

Im nächsten Jahr will Christos gleich gegenüber eine zweite Stahl-Skulptur hinzufügen: den *Wegbereiter* – eine männliche auch minimalistisch dargestellte Figur, die mit weit ausgebreiteten Armen auf einer langen Linie wie mit Schlittschuhen dahingleitet. Welchen Weg der Mann bereiten will, bleibt der Fantasie des Beschauers überlassen. Vielleicht weiß es der Künstler ...

Babis und seine Taverne *Ostria* in Lentas

Wenn ich nach meinem Lieblingsplatz auf Kreta gefragt würde, dann gäbe es nur eine Antwort: Babis' Taverne *Ostria* bei Lentas. Man fährt vom Ort ein Stück die gut asphaltierte Straße nach Osten, biegt dann nach rechts in eine staubige Schotterstraße ein und erreicht nach etwa einem Kilometer – die anmutige Asterousia-Bergwelt und das Libysche Meer immer vor Augen, die hier in wunderbarer Harmonie zusammentreffen – zu diesem einmaligen Ort. Wenn hier von einer Taverne die Rede ist, dann ist das eigentlich nicht das zutreffende Wort, denn eine Taverne ist ein Restaurant, in dem man in vielleicht schönem Ambiente essen und trinken kann.

Das bietet Babis seinen Gästen zwar auch, aber seine Taverne ist viel mehr. Sie ist ein Gesamtkunstwerk, ein kleiner paradiesischer Zaubergarten. Sie ist vor allem ein meditativer Platz, wo man Stunden lang sitzen, aufs Meer schauen, einer fantastisch-fremden Musik lauschen und mit sich selbst und

Babis Taverne – ein Gesamtkunstwerk

der Welt im Einklang sein kann – was ja, wie die Sprache es ausdrückt eben etwas mit Musik zu tun hat. Wenn es in dem alten Heilort des Asklepios noch so etwas wie die Fortsetzung dieser antiken Tradition gibt, dann an diesem besonderen Platz, wobei Babis es sicher weit von sich weisen würde, damit etwas zu tun zu haben. Aber er schafft die Atmosphäre einfach.

Um diesen Mann zu charakterisieren, muss ich meine erste Begegnung mit ihm beschreiben. Bekannte hatten mir erzählt, dass es da eine schöne Taverne am Strand gebe, wo man abends gut essen könne. So suchten wir eines Abends Babis' Taverne auf und brachten unseren Wunsch vor. Aber Babis wehrte ab, er war auf dem Sprung, wollte einen Krankenbesuch im Hospital in Heraklion machen. Wir blieben hartnäckig und verlegten uns aufs Bitten, und Babis ließ sich erweichen. Er stellte alles, was er noch in der Küche und im Kühlschrank hatte, auf den Tisch, dazu ein paar Kannen Wein und Wasser, verabschiedete sich mit den Worten „Bezahlen könnt Ihr morgen!" und war verschwunden. Wir hatten unter Kretas gewaltigem Sternenhimmel einen herrlichen Abend dort.

Diese kurze Begegnung hat mir den Mann sehr sympathisch gemacht. Dazu kam etwas anderes: Überall lagen in dieser Taverne Stapel von Büchern herum. Große Werke der Weltliteratur: von Nikos Kazantzakis, Jannis Ritsos, Odysseas Elytis, aber auch viele politische und historische Bücher – vor allem über den Zweiten Weltkrieg auf dem griechischen Festland und auf Kreta. Wie ich später erfuhr, war Babis' Familie maßgeblich und direkt am Widerstand gegen die deutsche Besatzung beteiligt. Sein Onkel Nikos Petrakis war im Zweiten Weltkrieg einer der bedeutendsten Partisanen auf Kreta.

Vor allem aber liebt Babis Che Guevara, er hat eine ganze Bibliothek über den charismatischen kubanischen Freiheitskämpfer. Babis ist ein großer Leser, ihn ohne Buch anzutreffen, ist undenkbar. So manches Mal, wenn ich zur *Ostria* kam, saß Babis da und las seinem Kellner Georgios etwas vor. Im letzten Jahr traf ich ihn an, wie er – die grüne Che-Mütze mit dem roten Stern auf dem Kopf, die Brille auf der Nase und den

Der ungewöhnliche aber einzigartige Wirt Babis

Zeigefinger erhoben – auf dem Barhocker vor seinem Tresen thronte und einem Kreis von Griechen Passagen aus den (natürlich übersetzten) Werken von Bert Brecht vortrug.

Babis besitzt neben seinen Büchern auch eine große Sammlung musikalischer Kostbarkeiten: Sie reicht von kretischer Volksmusik – dem Gesang melancholisch-kerniger Männerchöre, den Darbietungen der großen Lyra-Virtuosen Xilouris, Psarantonis und Ross Daly – über die Vertonungen bedeutender griechischer Literatur von Mikis Theodorakis bis zu aufpeitschenden kubanischen Revolutionshymnen. Je nach Stimmung von Babis selbst oder seinen Gästen präsentiert er seinen akustischen Background, manchmal leise und meditativ, bisweilen lautstark und durchdringend, immer aber der magischen Aura des Ortes angemessen.

Denn magisch ist dieser Ort wirklich. Nicht nur durch seine natürliche Lage zwischen Bergen und Meer. Babis hat in vielen Jahren alles getan, seine Taverne in einen paradiesischen Zaubergarten zu verwandeln. Das Eingangstor erinnert an eine Ritterburg. Überall in den Tamarisken, die auf dem Gelände für Schatten sorgen, hängen bunte Mobiles, Skulpturen von Menschen und Tieren stehen auf den Mauern, füllen die Zwischenräume zwischen steinernen lila oder gelben Sofas, bunten Tischen und Stühlen. Zur See hin hat Babis einen Turm gebaut, der an eine Sternwarte erinnert. Dort kann man übernachten und herrliche Sternennächte erleben. Ein Raum (Babis vermietet auch Zimmer) ist in Form eines Schiffes gebaut – mit Bullaugen als Fenstern. Oben auf dem Deck kann man unter einem Segel sitzen und die herrliche Aussicht auf das Meer genießen. Ich muss hier noch anführen, dass Babis in seinem Heimatdorf Apessokari in der Messara in einem Olivenhain, der ihm gehört, eigenhändig das Halbrund eines griechischen Theaters gebaut hat. Er will dort Lesungen und Konzerte veranstalten.

Und von überallher sichtbar, prangt an einer Hauswand – fast wie ein Hausaltar – ein großes Mosaik von Che, ein sehr gelungenes Abbild des berühmten Porträts des kubanischen Revolutionärs, wie er, das Barrett mit dem roten Stern über dem langen Haar, visionär in die Ferne blickt. Ein Schäfer aus der Gegend, der sich diese Kunst autodidaktisch beigebracht hat, ist der Schöpfer des Werkes. Daneben ein Spruch von Che in deutscher Sprache: *Solidarität ist die Zärtlichkeit der Völker.*

Babis und Che – das ist mehr als nur bloße Verehrung, es ist eine geistig-politische Wesensverwandtschaft, ja eine Herzensbeziehung. Es ist wohl kein Zufall: Che war von Hause aus Arzt und strebte die Realisierung einer großen humanen Utopie an: den Menschen zu Freiheit und Glück zu verhelfen. Was Che im Großen verwirklichen wollte, praktiziert Babis im Kleinen. Als ich ihm gegenüber einmal von seiner Taverne sprach, korrigierte er mich sofort und sagte halb ernst, halb lachend: „Arn, das ist hier keine Taverne. Das ist ein Sanatorium." Nun hat dieses Wort im Deutschen einen negativen Unterton, was Babis natürlich nicht meinte. Seine Äußerung sollte sagen: Hier kommt es nicht darauf an, ob man was trinkt oder verzehrt, hier soll man sich einfach wohlfühlen. Profit machen ist ihm nicht wichtig.

Was er im Sinne Ches will, kann man fast mit Goethe sagen: *Hier bist du Mensch, hier darfst du's sein!* Jeder soll sich in Babis' Sanatorium-Taverne wohlfühlen und sein Glück und seine Freiheit finden, natürlich nie auf Kosten eines oder der anderen. Die Beziehung von Che zu Goethe ist übrigens gar nicht weit hergeholt. In einem der Fotobände, die Babis von ihm besitzt, fand ich ein Bild, wie Che sich während der kubanischen Revolution in der Sierra Maestra eine Pause gönnte, sich zurückzog und in aller Ruhe in Goethes *Faust* las.

Wenn Freiheit und Glück in Babis' Taverne die obersten

Maximen sind, dann heißt das aber nicht, dass hier keine Regeln herrschen. Die wichtigste ist: Selbstbedienung! Wer glaubt, Babis oder seine Aushilfe herbeizitieren und bestellen zu können, der irrt gründlich. Als ich es einmal wagte, seinem Kellner (wenn man seine Aushilfe denn so nennen kann) zu bitten, uns noch ein bisschen Brot zu bringen, herrschte Babis mich an: „Arn, das ist hier kein normales Restaurant!“ Wenige Minuten später stellte er mir einen (nicht bestellten) Teller mit Käse und Weintrauben hin – als Wiedergutmachung für die Zurechtweisung.

Diese kleine Geste belegt einen anderen Wesenszug von ihm. Sollte er wirklich einmal ernst oder sogar zornig werden, es ist nie so gemeint, denn die Herzlichkeit und der Schalk überwiegen immer. Fragt man ihn zum Beispiel, ob man einen Salat oder etwas Gegrilltes bekommen könne, blickt er einen erst mürrisch an und sagt *Katástrofi!,* was im Griechischen genauso wie im Deutschen Katastrophe heißt, weil eine solche Bestellung mit Arbeit verbunden ist. Aber natürlich bekommt man nach einigen Minuten das Gewünschte. Vor Jahren hatte Babis die Tamarisken in seinem Zaubergarten bis auf Stümpfe zurückgesägt. Als ich Georgios, seine damalige Aushilfe fragte, was das denn bedeute, erklärte mir Georgios das so: „Voll mit Ästen gewachsene Bäume bringen viel Schatten, viel Schatten bedeutet aber, dass viele Gäste kommen, und viele Touristen bedeuten viel Arbeit ...“

Was aber nun nicht heißt, dass Babis nicht gern viele Gäste hätte. Bei allem, was er tut, ist immer viel Schalk und tiefgründiger Humor im Spiel. Und dieser Humor hat etwas Dialektisches: Wenn man Babis anspricht oder etwas von ihm will, verblüfft er sein Gegenüber zunächst, indem er abwehrt (das Lachen immer im Mundwinkel) und ihn auf die falsche Fährte lockt, um sich dann köstlich zu freuen, wenn der- oder diejenige darauf reinfällt. Ernst gemeint ist die Abwehr nie. Man muss ihn schon ein bisschen kennen, um diesen Humor zu verstehen. Aber wie gesagt: Herzlichkeit und tiefe Zuneigung überwiegen immer. Babis ist der liebenswerteste Menschenfreund, den ich kenne.

Kamen die Minoer mit ihren Schiffen von Kommos bis in die Deutsche Bucht?

Der aus Deutschland stammende Fritz Will war ein kretisches Original. Zu Hause hatte er den Beruf des Zimmermanns gelernt. Aber irgendwann in den 1960er Jahren muss er vom Handwerkerleben genug gehabt haben, die Sehnsucht nach der exotischen Ferne bemächtigte sich seiner und er beschloss, nach Kreta auszuwandern. Er fand auch gleich die Unterkunft, die seinem Naturell entsprach: Oberhalb der Bucht von Kommos gibt es im Berg eine Höhle, die früher Hirten als Unterschlupf gedient hat. Höhlen übten in dieser Zeit auf junge Aussteiger wohl eine große Anziehungskraft aus, denn in ihnen ließ sich – so meinten sie – am besten ein einfaches und naturnahes Leben abseits der Verlockungen der Zivilisation verwirklichen. Ganz in der Nähe von Kommos lebten Hippies in den Felsgrotten von Matala ihr freies Leben.

Fritz richtet sich in seiner Höhle häuslich ein. Natürlich nutzte er die Gelegenheit, täglich zum Strand hinunterzusteigen und ein Bad im Meer zu nehmen. Beim Streunen durch die Dünen hat Fritz Tonscherben gefunden. Er fing sofort an zu graben, was er natürlich nicht durfte, bekam eine Anzeige und landete im Gefängnis von Heraklion. So hat er es später immer erzählt. Er will gleich vermutet haben, dass sich unter dem Sand der Dünen der antike Hafen von Kommos befindet.

Geschrieben hat er über seine Zeit in der Bucht die Sätze: „Über einer uralten Stadt am Kommos-Strand. Ein strahlender Morgen umhüllte mich unter dem Felsvorsprung. Licht und Duft drangen durch jede nur mögliche Ritze in das Nest. Jeder Felsvorsprung war frisch gewaschen, und Tropfen blitzten an jedem Blättchen und Hälmchen. Die Brandung atmete gleichmäßig und die Insel Paximadia strahlte am Ende des

Die Ausgrabung des antiken Kommos

Meeres. Über dem Windbruch wölbte sich ein Thymianhügel und zwischen dem Thymian lagen Tausende von Keramikscherben: Frisch gewaschen und vielfarbig. Hier hatten Tausende von Menschen ihre Tage und Nächte verbracht. Tausende von Tagen, die zu Tausenden von Jahren wurden."

Fritz machte seine Entdeckung dann öffentlich, und umgehend wurden die Archäologen auf den Platz aufmerksam. Kanadische Ausgräber unter der Leitung von Professor Joseph W. Shaw setzten ihre Spaten an und wurden voll fündig. Ans Licht der kretischen Sonne kam die antike Hafenstadt Kommos. Fritz nahm für sich in Anspruch, der eigentliche Entdecker dieser archäologischen Sensation zu sein.

Die Kommos-Bucht, die heute ein beliebter Badestrand bei den Touristen ist, hat eine lange und bewegte Geschichte. Schon die Minoer unterhielten hier einen Hafen und bauten die Siedlung mit einem Palast, einem Hof und Schuppen für die Schiffe aus. Die Seevölker, die zwischen 1200 und 1100 v. Chr. in das östliche Mittelmeer einfielen, zerstörten den Ort. Er blieb lange Zeit verlassen. Griechische Siedler – vermutlich Dorer – bauten ihn wieder auf. Homer (um 700 v. Chr.) erwähnt ihn in der Odyssee. Demnach ist direkt vor Kommos das Schiff des Spartanerkönigs Menelaos zerschellt und gesunken, weil es auf ein Riff gelaufen war.

Dorthin, wo die Kydonen des Járdanos Fluten umwohnen,
Da ist ein glatter Fels, der steil hinab in die See fällt,
In dem dunstigen Meer am äußersten Ende von Gortyn;
Dorthin treibt der Süd die Flut nach links auf das Kap hin,
Phaistos zu; und der kleine Stein hält die mächtige Flut ab.
Dorthin kamen die einen. Mit Mühe entrannen die Männer
Dem Verderben, aber die Wogen zerschlugen die Schiffe
An den Klippen. Fünf andre der dunkelbugigen Schiffe
Trieben jedoch der Wind und das Wasser bis hin nach Ägypten.
(Odyssee, III 293 – 298, Übersetzung Roland Hampe)

Die Archäologen konnten nachweisen, dass Schiffe um 800 v. Chr. regelmäßig den Hafen von Kommos anliefen, der damals ein bedeutender Handelsplatz war. In der Siedlung gab es nachweislich einen Kultbau, der von Phöniziern besucht wurde. Unklar ist aber, ob die Phönizier nur vorübergehend nach Kommos kamen oder ob sie eine Handelsstation dort unterhielten. Da man in Kommos zahlreiche Scherben mit eingeritzten phönizischen Schriftzeichen gefunden hat (es handelt sich um Inschriften kommerziellen Inhalts), kann man daraus schließen, dass Kreta insgesamt, aber auch Kommos im Besonderen eine bedeutende Rolle bei der Übernahme des phönizischen Alphabets in das griechische Alphabet gespielt hat.

Hatte Professor Shaw also herausgefunden, wie bedeutend Kommos für das östliche Mittelmeer war, sorgte der Heidelberger Ethnologe Hans Peter Duerr mit einer These für Aufsehen, die – wenn sie denn belegt werden könnte – eine wissenschaftliche Sensation wäre. Denn Duerr behauptete, die Minoer hätten von Kommos aus Handelskontakte mit der nordischen Bronzezeitkultur gehabt, die es damals in der deutschen Bucht gab, also dem heutigen Schleswig-Holstein. Er kann gute wissenschaftliche Belege für seine These anführen, aber die Fachwelt reagierte äußerst skeptisch. Aber hatte man nicht auch Heinrich Schliemann verlacht, als er behauptete, Troja gefunden zu haben – und zum Schluss hatte er doch Recht?

Ich hatte das Glück, Duerr in dieser Zeit kennenzulernen und seine Berichte über seine Forschungen im Wattenmeer direkt von ihm zu erfahren, denn er arbeitete damals an der Bremer Universität. Als seine Thesen ein größeres Publikum erreicht hatten, drehte der Südwestfunk einen Film am Originalschauplatz über seine Kommos-Forschungen. Duerr informierte mich über das Projekt und den Termin der Dreharbeiten dort. Wir trafen uns in Kommos – allerdings am Zaun stehend und über ihn auf die Ruinen der Hafenstadt blickend, denn das zuständige archäologische Amt in Heraklion hatte dem Filmteam und Duerr den Zutritt auf das Gelände nicht gestattet.

Duerr erzählte vor der Kamera dann noch einmal die Geschichte seiner Entdeckung, wie die Minoer in unsere Breiten gekommen sind. Ich gebe sie hier wieder, ergänzt durch Aussagen aus seinem Buch *Die Fahrt der Argonauten*. Er brach am 8. Juni 1994 mit dem Zweimaster *Jonas* und 24 Personen (wissenschaftliche Mitarbeiter und Studenten) von Husum aus zur Hallig Südfall auf. Das Interesse galt ursprünglich den Resten der 1362 bei einer Sturmflut untergegangenen Stadt Rungholt.

Der Nordstrander Bauer Ernst August Dethleffsen hatte Duerr aber ein Jahr zuvor von zahllosen Kulturspuren erzählt, die er bei seinen Wanderungen im Wattenmeer gefunden hatte – darunter auch bunt bemalte Keramikscherben und vor allem einen sehr großen Kalksteinanker. Das hatte Duerrs Interesse geweckt. Der Bauer zeigte der Gruppe die Fundstelle und Duerrs Gruppe legte bei verschiedenen Wattgängen auch Keramik frei, die nicht von der Nordseeküste stammen konnte, sondern nur aus dem mediterranen Kulturbereich.

Duerr legte seine Scherbenfunde Experten von der Heidelberger Universität vor, die sie als Teile von kretischen Transportflügelkannen identifizierten, die im 13. oder 14. Jahrhundert v. Chr. auf Kreta produziert worden seien. (Die Experten wollten aber namentlich nicht genannt werden, die Sache war ihnen doch zu brisant!) Das Helmholtz-Institut für Strahlen- und Kernphysik der Universität Bonn bestätigte aber Duerrs Vermutungen von der Herkunft und dem Alter der Scherben.

Keramikscherben aus Kreta

Es handelte sich um Keramik, die ab dem 15. und speziell im 14. Jahrhundert in Zentralkreta – in Knossos, Agia Triada, Kommos, Phaistos und anderen minoischen Städten – verbreitet war. Einige Scherben stellten sich als Reste von gewöhnlicher minoischer Haushaltsware heraus. Duerr schloss daraus, dass diese Teile wegen ihres damals geringen Wertes nicht von Händlern stammen, sondern Gebrauchsgegenstände für den Alltag der Schiffsbesatzung waren.

Zu Funden im Watt gehörten auch Bernsteinstücke und das Gehäuse einer Schnecke, deren Art es in der Nordsee und im Atlantik nicht gibt, die an den Küsten Kretas aber sehr oft angetroffen wird: die gemeine Hornschnecke. Marine Votivgaben wie Muscheln wurden der minoischen *Göttin mit den erhobenen Armen* dargebracht – nachweislich auch in einem Schrein in Kommos. Interessant war auch noch ein anderer Fund: ein minoisches Siegel aus Serpentin. Auf der einen Seite ist das eingravierte Bild eines Stieres zu sehen, auf der anderen die linienförmigen Umrisse eines Schiffes mit hochgezogenem Bug oder Heck.

Duerr hat keinen Zweifel, dass die minoischen Funde und der Kalksteinanker auf dem Seeweg nach Norden gelangt sein müssen, die Transportbügelkannen und der Anker sind so schwer, dass sich ein Transport auf dem Landweg ausschließt. Da es bei den Minoern üblich war, bei Beerdigungen Keramik zu zerbrechen, hält Duerr es für möglich, dass im Watt ein Seemann bestattet worden ist; die Keramik-Fragmente könnten aber auch Opfergaben gewesen sein, mit denen die minoischen Seeleute ihrer Göttin für die erfolgreiche Fahrt über die Meere gedankt haben.

Duerr folgert also aus den hier angeführten Fakten: „Nach den Untersuchungen der Scherben durch das Bonner Institut und Vergleichen mit den Gefäßen, die in publizierten Grabungsberichten von sämtlichen minoischen Fundorten abgebildet und beschrieben sind, scheint nur eine Hafenstadt in Frage zu kommen: nämlich Kommos an der Südküste der Insel, das schon im frühen 2. Jahrtausend v. Chr. offenbar der Haupthafen von Phaistos, dem damaligen Zentrum des minoischen Fernhandels nach Thera, Ägina, Zypern und in die Levante war. Auch nach den Zerstörungen von Aghia Triada und Phaistos blieb Kommos um die Mitte des 15. Jahrhunderts v. Chr. unzerstört und der minoische Haupthandelshafen, von dem aus die Hochseeschiffe in alle Himmelsrichtungen fuhren." (Duerr 2011, 90f.) Diese Schiffe waren äußerst widerstandsfähige Segelgaleeren, die eine Länge von bis zu 35 Metern hatten. In Kommos gab es für sie sechs nebeneinanderliegende Schiffsschuppen, von denen Gleitbahnen aus glitschigem Holz ins Meer führten.

Welche Route haben die Schiffe Duerr zufolge auf ihre Reise in die Nordsee genommen? Der Weg durch die Säulen des Herakles (Straße von Gibraltar) in den Atlantik galt wegen verschiedener starker Winde und Strömungen als außerordentlich gefährlich. Deshalb hätten die minoischen Seeleute Kurs auf die provenzalische Küste genommen, hätten das Rhone-Delta passiert und schließlich auf der Höhe des heutigen Narbonne die Mündung der Aude erreicht, über die schon damals ein uralter Handelsweg zwischen dem Mittelmeer und dem Atlantik verlief. Bei Carcassonne hätten sie die Schiffe auseinandergenommen und die Teile auf Ochsenkarren verladen. Bei Toulouse hätten sie die Schiffe wieder zusammengesetzt und dann über die Garonne und die Mündung der Geronde bis zur Atlantikküste hinuntergefahren. Schiffe zu zerlegen und sie nach einem Transport über Land wieder zusammenzubauen sei in der Antike durchaus üblich gewesen, versichert Duerr und nennt mehrerer Beispiele dafür. Die

Minoer hätten so den Weg zur Nordsee erheblich verkürzt.

Duerr beurteilt die Nordlandfahrten der Minoer so: „Man kann annehmen, dass die minoischen Expeditionen ins umgebende Meer, den Okeanos, (es herrschte die Vorstellung, dass die bewohnte Welt von einem großen Wasser umgeben sei) auf der einen Seite das aus heutiger Sicht realistische Ziel hatte, knapp gewordene oder heiß begehrte Ressourcen (Bernstein und Zinn) zu erschließen und zu sichern, auf der anderen Seite aber gleichzeitig eine Reise in eine Fabelwelt gewesen ist (der Norden wurde früh als ein Land der Seligen vorgestellt). Dieses Doppelgesicht haben sogar noch die vergleichbaren Fernfahrten der frühen Neuzeit, auf denen die verwegenen Seefahrer zum einen in die Ursprungsgegenden des Goldes und der Gewürze und zum anderen ins Wunderland gelangten oder gelangen wollen." (Ebd., 131)

Duerr selbst stellt sich hier auch die Frage, wie die Nordseeküstenbewohner, die gemeinsam mit ihrem Vieh in winzigen reetgedeckten Häusern in kleinen Weilern lebten und wohnten, den Minoern wohl begegnet sind. Haben sie sie als unzivilisierte Barbaren betrachtet wie die europäischen Eroberer die indigene Bevölkerung in den von ihnen eroberten Gebieten? Eine Frage, die auch Duerr nicht beantworten kann.

Wie die frühen Christen die antike Kultur zerstört haben – auch auf Kreta

Auf Kreta hat es in der griechischen Antike weniger spektakuläre Bauwerke gegeben als auf dem Festland. Vielleicht erklärt sich dieses Faktum durch die zugewanderten Dorer, die ein Kriegervolk waren. Es gab aber im neunten und achten Jahrhundert eine Renaissance in Kunst und Kultur, dann setzte eine Erstarrung auf diesen Gebieten ein, die vielleicht durch die eher archaische Gesellschaftsstruktur der Dorer hervorgerufen wurde und bis zur Eroberung Kretas durch die Römer 67 v. Chr. andauerte. Das Wenige, das es an herausragenden Bauwerken und Kunstwerken gab, wurde später zum großen Teil durch den Fanatismus der Christen zerstört.

Das Christentum stellt sich gern als Religion der Nächstenliebe, der Toleranz und des Friedens dar. Wenn dem so gewesen wäre, dann hätte mit dem Sieg des Christentums im Römischen Reich eine selige Zeit anbrechen müssen. Aber man weiß heute, dass es nicht so war: Der Sieg dieser Religion im vierten und fünften Jahrhundert, den viele dieser Religion nahestehenden Historiker und Theologen als *Triumph* bezeichnen, war nur durch die gewaltsame Bekehrung und die Verfolgung Andersgläubiger möglich. Die britische Historikerin Catherine Nixey schreibt in ihrem Buch *Heiliger Zorn. Wie die frühen Christen die Antike zerstörten*, die Christenverfolgung der Römer, die nur eine kurze Zeit andauerte, sei nichts gewesen im Vergleich zu dem, was Christen Andersgläubigen antaten – von den Ketzern in den eigenen Reihen ganz zu schweigen.

Die Autorin schildert, wie den Menschen der Spätantike die relative Religionsfreiheit, die es im Römischen Reich gab, genommen wurde, im Fall der Verweigerung des Übertritts zum Christentum drohten ihnen Folter und Hinrichtung. Dazu kam fast die gesamte Zerstörung der antiken Kultur:

Die Bücher der griechischen und römischen Antike wurden von den Christen verbrannt, die Tempel zumeist eingerissen, ihre Statuen mit Hammer und Beil zerschlagen. Catherine Nixey nennt diesen Vorgang *die größte Zerstörung von Kunst seit Menschengedenken* – vermutlich nur zu vergleichen mit dem Wüten der spanischen und portugiesischen Konquistadoren in Mittel- und Südamerika oder dem Vandalismus des Islamischen Staates (IS) in der Gegenwart. Und das Ausmaß dieser Zerstörung der antiken Kultur hat die moderne Welt völlig aus der kollektiven Erinnerung getilgt.

Tempel, Statuen, Bücher sogar Bäume in heiligen Hainen und Musikinstrumente der *Heiden* galten als Teufelswerk, man glaubte, dass Dämonen in ihnen hausten. Die christlichen Zerstörer sahen ihr Vernichtungswerk keineswegs als Vandalismus an, sondern als das Vollstrecken von Gottes Willen. Ein guter Christenmensch musste das tun, er hatte die Pflicht, diesen göttlichen Willen auszuführen. Man war sogar stolz auf diese Zerstörungen und bejubelte sie frenetisch. Führten Kleriker selbst die Verwüstungen aus, galt das als Beweis für die Tugend solcher heiligen Männer. Man glaubte, mit der Zerstörung den *Aberglauben* der Heiden ein für alle Mal ausrotten und die in den antiken Objekten hausenden bösen Dämonen vertreiben zu können.

Auch der Kirchenvater Augustinus (354 bis 430) ermunterte die Mitglieder von Gemeinden, an den Zerstörungen teilzunehmen, und versicherte ihnen, dass sie im Recht seien, wenn sie die antiken Kulturgüter verwüsteten. Er berief sich darauf, dass diese Verwüstungen das ausdrückliche Gebot Gottes seien. So forderte er im Jahr 401 die Christen in Karthago auf, alle heidnischen Objekte zu zerschlagen, denn das sei was Gott verlange und befehle. Die christlichen Zerstörer sangen nicht nur Psalme bei ihrem Verwüstungswerk, sie hatten auch viel Spaß bei ihrem vandalistischen Vorgehen. In Berichten aus dieser Zeit heißt es, sie hätten gebrüllt vor Lachen, wenn sie die Statuen kaputtschlugen.

Catherine Nixey schildert, wie konsequent die Christen bei ihrem Zerstörungswerk vorgingen: „Zahlreiche Beweisstücke sind erhalten geblieben, viele jedoch für immer verloren gegangen. Sinn und Zweck einer Zerstörung ist es schließlich zu zerstören. Und dazu gehört mehr als nur eine Verunstaltung: Wer es richtig anstellt, vernichtet alle Hinweise darauf, dass das Objekt jemals existiert hat. Wir werden nie genau wissen, wie viele Kunstwerke damals für immer verschwunden sind. Statuen wurden zerschmettert, zermahlen, ihre Überreste verstreut, verbrannt und eingeschmolzen. Von manchen blieben nur kleine Häufchen verkohltes Elfenbein und Gold übrig. Andere hat man so gut entsorgt, dass wir sie wohl niemals finden werden; sie verschwanden auf Nimmerwiedersehen in Flüssen, Abwasserkanälen und Brunnen. Von manchen der heiligen Objekte ist aufgrund ihrer Beschaffenheit nichts mehr übrig." (Nixey 2017, 161)

Gesetze ordnen Kulturzerstörung an

Kaiser Konstantin, der zum Christentum übergetreten war, und seine Nachfolger erließen Gesetze und Edikte, die die Kulturzerstörung für rechtens befanden. Kaiser Theodosius erließ zudem ein Gesetz, das so gut wie alle nichtchristlichen Rituale verbot, vor allem das Opfern auf Altären und die Verehrung von Göttern in Schreinen – auch in den eigenen vier Wänden. Selbst Mönche nahmen an den Verwüstungen teil – meistens im betrunkenen Zustand. Die syrischen Mönche galten als besonders fanatisch und aggressiv.

Die Intoleranz und die Zerstörungswut der frühen Christen machten vor nichts Halt. Gegen antike Statuen wurde besonders massiv vorgegangen. Vor allem die Nacktheit dieser aus Stein geschaffenen Abbilder von Menschen und Göttern empörte die prüden, verklemmten und sexualfeindlichen frühen Christen. Denn eine Aphrodite mit ihrem aufreizenden Hintern und prallen Brüsten hätte ja den Dämon der Lust im Betrachter wecken können – und da sei Gott vor! So wurden weiblichen Statuen vornehmlich die Brüste bzw. die Brustwarzen und der Venushügel abgeschlagen, bei männlichen

Statuen – etwa Apoll oder Dionysos – hatte man es auf die Nasen und Genitalien abgesehen. Zumeist ritzte man diesen verstümmelten Leibern noch ein Kreuz in die Stirn – Symbol für die Taufe und die Vertreibung der Dämonen.

Auch griechische und römische Tempel, so großartig und vollkommen sie in ihrer Bauweise waren, fielen der Zerstörungswut des fanatisierten Christenmobs zum Opfer. In Alexandria zerstörten die Christen auf Anordnung des dortigen Bischofs Theophilos das Serapeion – eine Tempelanlage, die dem Gott Serapis geweiht war. Seine Hallen, Säulen, eindrucksvollen Statuen und seine Dekorationen machten diesen Gebäudekomplex nach Aussage antiker Autoren zum *prächtigsten Gebäude des ganzen Erdkreises.* Aber der Gott Serapis war für die Christen ein Dämon, und so wurde dieses Meisterwerk antiker Baukunst dem Erdboden gleichgemacht. Die Christen stürzten die überlebensgroße Statue des Serapis um, rissen ihr den Kopf vom Hals, hackten mit Äxten Füße und Hände ab, zogen sie mit Seilen auseinander und verbrannten sie dann.

So erging es unzähligen sakralen Gebäuden mit ihren Statuen, etwa dem Artemis-Tempel in Ephesus, der zu den sieben Weltwundern der Antike zählte, den Tempeln in Palmyra und zum Teil auch dem Parthenon auf der Akropolis in Athen. Hier attackierten die Christen mit stumpfen Werkzeugen die Statuen des Frieses und verstümmelten so einige der eindrucksvollsten Exemplare griechischer Bildhauerkunst. Die steinernen Bruchstücke der abgerissenen Tempel und zerschlagenen Statuen verwendeten sie zum Bau von Straßen, Häusern und Kirchen. So kann man heute noch in vielen Gebäuden verbaute Reste antiker Kunst sehen: hier das Kapitell einer Säule, dort marmorne Arme oder Beine. Da ist es fast eine Ironie der Geschichte, dass die Christen im Theseion-Tempel an der alten Agora in Athen eine Kirche einrichteten und ihn so fast vollständig vor der Zerstörung retteten.

Die frühen Christen zerstörten aber nicht nur Bauwerke und Statuen, sie wollten auch den antiken heidnischen Geist ein für alle Mal eliminieren. So gehörte zu ihrem Zerstörungswerk auch das Abbrennen von Bibliotheken, die oft – wie im Serapion in Alexandria – den Tempelanlagen angegliedert waren. Die Bücher von antiken Autoren wurden auf öffentlichen Plätzen verbrannt. Im sechsten Jahrhundert musste auf Druck der Christen die Platonische Akademie schließen, die bedeutendste philosophische Schule der Antike, die über 1000 Jahre bestanden hatte. Ihre letzten Philosophen flohen nach Persien. Der Kirchenvater Chrysostomos jubelte: „Die Werke der alten Griechen sind allesamt zugrunde gegangen und ausgelöscht!" (Nixey 2017, 27/54) Es gab ab diesem Zeitpunkt kein freies philosophisches Denken mehr, sondern nur noch Theologie.

Die christliche Nachwelt überging diese ruchlosen Verbrechen an einer großen Kultur, die heute dennoch und trotz alledem als die Grundlage der abendländischen Zivilisation angesehen wird, mit Schweigen. Nur den Arabern, die den Wert des antiken Schrifttums erkannten, bewahrten, übersetzten und so retteten, ist es zu verdanken, dass uns das Wissen der Antike überliefert worden ist. Der britische Historiker John Pollini schrieb über diese schlimme Kulturschändung durch die Christen, dass die moderne Forschung unter dem Eindruck einer christlich-jüdischen Befangenheit diese Übergriffe immer wieder ignoriert und heruntergespielt und zuweilen sogar versucht habe, die Schändungen, die auf das Konto der Christen gingen, in ein positives Licht zu rücken.

Catherine Nixeys großartiges Buch informiert nun eine größere Öffentlichkeit darüber, was sich in der Spätantike wirklich abgespielt hat. Dafür gebührt ihr großer Dank.

Ich kenne so gut wie alle bedeutenden klassischen Stätten in Griechenland und habe ihre Zerstörungen mit eigenen Augen gesehen. Bei vielen kann man – und das ist fast ein Wunder – ihre Schönheit und Erhabenheit allen Verwüstungen zum Trotz noch immer erkennen. So strahlt etwa der Parthenon auf der Akropolis (dessen teilweise Zerstörung nicht die Christen allein auf dem Gewissen haben) noch eine Würde und Harmonie aus, die das einmalige künstlerische Genie seiner Erbauer erahnen lässt.

Der kretische Schriftsteller Nikos Kazantzakis fasste den Eindruck, den der Parthenon auf ihn gemacht hat, in die Worte: „Was war das für ein Zeichen des Triumphes, das sich da vor mir erhob, was für ein Zusammenspiel des Kopfes und des Herzens, die schönste Frucht menschlichen Ringens! (...) Niemals schaffte flimmerndes Wogen eine so makellose Gerade; niemals verbanden sich so innig Zahl und Musik; ich blickte auf die Säulen, die gerade zu sein schienen. Die eine neigte unmerklich ihre höchste Spitze der anderen zu, auf dass alle gemeinsam mit Zärtlichkeit und Kraft die heiligen Giebel hielten, die man ihnen anvertraut hatte." (Kazantzakis 1990, 81)

Der griechische Komponist Mikis Theodorakis, der von seinem Haus in Athen direkt auf den Parthenon blicken kann, schrieb: „Der Parthenon auf der Akropolis ist für mich ‚eingefrorene Musik', und als ich ihn sah, habe ich sofort die Musik dahinter gesehen. (...) Das Einzige, worüber ich nach meinem Tod traurig sein werde ist, dass ich die Akropolis nicht mehr sehen kann." (*Die Zeit* vom 18. Juli 2002)

Von all dieser Herrlichkeit haben die frühen Christen nichts wahrgenommen – sie waren nur fanatisiert von ihrem neuen Glauben, für die Wiederspiegelung einer universalen Schönheit in diesen Bauten und Statuen hatten sie keinen Blick. Sie sahen nur die angeblichen Dämonen, die in ihnen hausten und ihre Verwüstung geradezu erzwang. Was für Barbaren waren hier am Werk, die ihr Zerstörungswerk sogar noch mit der Liebe zu ihrem Gott rechtfertigten!

Nach langen Wanderungen durch Griechenland bin ich in den 1990er Jahren in Lentas auf Kreta angekommen, habe mich auf Anhieb in diesen kleinen Ort verliebt und habe ihn zu meiner zweiten Heimat gemacht. Lentas liegt am Fuße eines gewaltigen Felsmassivs, das die Gestalt eines Löwen hat und sich weit in das Libysche Meer hinaus erstreckt. Hinter dem Dorf erheben sich die Asterousia-Berge, ein Gebirge, das sich rund vierzig Kilometer an der Südküste der Insel hinzieht. Ein kleiner Ausläufer des Gebirgszugs begrenzt Lentas vom Osten, so dass es von drei Seiten von steinernen Wällen umgeben ist, aber nach Süden gewährt ein halbmondförmiger Strand den weiten, offenen Blick auf die See, die Afrika in der Ferne ahnen lässt.

Esoterische Spekulationen liegen mir fern, aber diese kleine Ansiedlung hat dank ihrer Lage inmitten einer grandiosen Natur etwas Magisches, das Menschen, die dafür ein Empfinden haben, bezaubert und geheimnisvoll anzieht. Als das neue Lentas zu Beginn des 20. Jahrhunderts noch gar kein Dorf war, sondern nur aus drei oder vier primitiven Häusern und einem Tamariskenwald bestand, kam Nikos Kazantzakis hierher und beschrieb die Anmut dieses Platzes in einem Brief an seine spätere Frau Eleni: „Doch wäre es, und ich müsste jetzt plötzlich sterben, so würde vor meinen Augen das Meer bei Leda treten, unser Fels, die glühenden Kiesel, die flammenden Zitronenbäume ..."

Menschen müssen früh die Magie und den Zauber gespürt haben, der über dieser kleinen Bucht liegt. Denn Lentas wurde schon in der Antike – vermutlich im sechsten Jahrhundert v. Chr. – ein Heilort, in dem die Therapie noch religiös geprägt war, die naturwissenschaftlich ausgerichtete Medizin wurde erst später von Hippokrates auf der Insel Kos entwickelt. In Lentas regierte Asklepios, der Gott der Heilkunst, ein Sohn des Apollon. Statuen, die ihn abbilden, zeigen einen väterlich-gütigen, milde lächelnden älteren bärtigen Mann, der sich auf seinen Stab stützt, den eine Schlange umwindet. Wegen ihrer periodischen Häutung galt dieses Reptil als Symbol der Lebenserneuerung. Das Zentrum des Kults von Asklepios war Epidauros auf der Peloponnes, aber Lentas war ein wichtiger Ableger, zu dem die Kranken aus ganz Kreta, den umliegenden Inseln und sogar aus Nordafrika kamen (wie Funde belegen), um hier Linderung ihrer Leiden zu finden.

Das Asklepios-Heiligtum muss prächtig ausgestattet gewesen sein, als die Säulen noch standen. Es bestand aus einem Tempel mit Statuen des Gottes und seiner Tochter Hygieia, die die Gesundheit symbolisierte. Zum Tempelbezirk gehörte auch ein Schatzhaus mit einem unterirdischen Raum, in dem die Gaben für den Gott aufbewahrt wurden. Ein römisches Fußbodenmosaik dieses Gebäudeteils, das ein Seepferdchen darstellt, ist erhalten geblieben. Es gab mehrere Säulenhallen, eine große Marmortreppe und die mit einem Nymphäum überbaute Quelle, von der Wasser in ein Bassin geleitet wurde, das der rituellen Reinigung der Patienten diente. Am Rande des heiligen Bezirks fanden sich Herbergen und Gästehäuser für die Kranken und ihre Begleiter sowie Wohnungen für die Priester. Griechen und Römer haben immer wieder an diesem Heiligtum gebaut, es hat wohl nie eine endgültige Gestalt gehabt. Im Jahr 46 n. Chr. hat ein Erbeben wohl beträchtliche Zerstörungen angerichtet. Aber insgesamt hat der Heilort Lentas über tausend Jahre bestanden.

Wie spielten sich die Heilungen in Lentas ab? Nach den rituellen Waschungen und dem Opfern für die Götter geleiteten die Priester die Kranken in den Schlafraum der großen Stoa, wo sie sich zur Ruhe begeben mussten. Dann erschien Asklepios den Patienten in ihren Träumen. Er ging von Schlafstatt zu Schlafstatt und fragte die Liegenden nach ihren Leiden. Dann heilte er durch Handauflegen, Operation, Medikamente oder Anweisungen, die die Kranken in den folgenden Tagen auszuführen hatten. Dann verschwand der Gott wieder.

Der Gott als letzte Hoffnung

Der Asklepios-Kult war zweifellos ein Mysterienkult, der Menschen der Moderne zu Recht irrational vorkommt. Der Gott als psychosomatischer Heiler war aber für die Menschen damals oft die letzte Hoffnung. Und wenn man den Votivtafeln glauben kann, die die Archäologen in großer Zahl gefunden haben, hat es wirklich Heilungen gegeben – warum und wieso auch immer. Die Medizinhistorikern Antje Krug schreibt: „Die psychosomatischen Grundlagen vieler Krankheiten, heute eine akzeptierte Voraussetzung, lassen sich am leichtesten verstandesmäßig als Anlass für spontane Heilungen begreifen. (...) Die nächtliche Gegenwart des Gottes, wenn sich der Kranke dessen gewiss war, konnte die Einwirkung auf psychisch begründete Leiden noch verstärken.“ Die Gestalt des Asklepios ist oft mit Jesus verglichen worden, und ihre Wunderheilungen weisen – wenn denn etwas daran ist – auch Ähnlichkeiten auf. (Krug 1985, 135)

Es ist auch in Lentas nicht viel geblieben von der antiken Herrlichkeit dieses Ortes – von seinem Tempel, seiner großen Stoa und den kleinen Hallen, von der Marmortreppe und dem Nymphäum. Auch hier haben die frühen Christen ganze Arbeit geleistet. Heute ist diese einst heilige Stätte, die italienische Archäologen zu Beginn des 20. Jahrhunderts ausgegraben haben, eher eine Steinwüste. Der Grundriss des Tempels ist noch erhalten. Vor der römischen Mauer aus flachen roten Backsteinen, die die Hinterwand bildet, ragen zwei Säulen auf, die arg beschädigt und ohne Kapitelle einsam in den Himmel ragen, als wüssten sie selbst nicht, warum gerade sie das über Jahrhunderte sich hinziehende Zerstörungswerk überstanden haben. Das Mosaik über der Schatzkammer ist noch gut zu erkennen, das Nymphäum ist ein Natursteintorso, aus dem kein Wasser mehr fließt.

Der Tempel des Asklepeions in Lentas

Überall liegen Bruchstücke der großen Vergangenheit herum: Säulenreste und Tonscherben. Vor Jahren gab es hier noch ein guterhaltenes und wunderschön gearbeitetes Säulenkapitell. Aber ein verblendeter Antikenliebhaber oder ein skrupelloser Geschäftsmann hat es mitgehen lassen. Die frühen Christen haben auch in Lentas ordentlich zugeschlagen und – was ganz wörtlich zu nehmen ist – keinen Stein mehr auf dem anderen gelassen, um hier das Heidentum vollständig auszurotten. Die Archäologen fanden noch ein paar Statuen, aber es waren Torsi ohne Kopf, Beine und Arme. Als der Brite Thomas Pratt in der Mitte des 19. Jahrhunderts hierherkam, wurde er Zeuge, wie zwei Bauern eine große wunderschön erhaltene Asklepios-Statue aus dem Boden gruben. Sie hatte die frühen Zerstörungen wohl heil überstanden und wäre für jedes Museum ein Prachtstück gewesen. Aber die beiden Kreter machten sich sogleich daran, den marmornen Asklepios in Stücke zu schlagen, um sie dann zu Gips zu brennen. Die Stätte des Heilgottes wurde auf diese Weise Jahrhunderte lang als Steinbruch benutzt.

Am Rande des Tempelbezirks ist das Zerstörungswerk noch gut zu erkennen. Hier haben die frühen Christen mit dem, was sie Asklepios an Marmor geraubt haben, im neunten Jahrhundert eine Basilika gebaut, deren antike Säulenbasen noch existieren. Im elften Jahrhundert wurde dann ein Kirchlein errichtet, das heute noch steht. Aus seinem Mauerwerk blicken überall Teile von korinthischen Säulen und dekorativen Gesimsen hervor. Ein trauriger Anblick.

Wenn ich in Lentas bin, sitze ich oft auf den Stufen des fast vollständig zerstörten Tempels, schaue in die Steinwüste um mich herum und bemühe meine Phantasie, mir vorzustellen, wie es einst aussah, als die Säulen noch standen und Asklepios sein nächtlich-heilendes Regiment führte, als die schlafenden Kranken in der Stoa noch voller Hoffnung auf die Ankunft des Gottes warteten. Die Bemühungen meiner Imagination führen nicht weit, das barbarische Zerstörungswerk ist zu groß. Aber ich kann noch etwas von der Kraft, dem Zauber und dem Geist dieses Ortes, der die Zeiten überdauert hat, spüren.

Zeit des Schreckens. Die deutsche Besatzung auf Kreta 1941 bis 1945

Berliner und Darmstädter Aktivisten haben eine Ausstellung über die deutsche Besatzung in Griechenland und Kreta 1941 bis 1945 erarbeitet. Sie wurde in verschiedenen deutschen Städten gezeigt – in Bremen in der Villa Ichon ab dem 16. Januar 2020. Ich habe damals die Eröffnungsansprache gehalten.

Meine sehr geehrten Damen und Herren!

Ich möchte Sie sehr herzlich begrüßen. Ich freue mich sehr, dass das Interesse an der Ausstellung *Zeit des Schreckens. Die deutsche Besatzung auf Kreta 1941 – 1945* so groß ist. Ich selbst habe die Ausstellung, die Griechenlandgruppen aus Berlin und Darmstadt unter Mitarbeit von Historikern erarbeitet haben, in Darmstadt gesehen, und ich fand sie so gut, dass ich dachte, es wäre sehr schön, sie nach Bremen zu holen, was ja auch geklappt hat, wofür ich der Villa Ichon sehr dankbar bin. Ich muss hinzufügen, dass es sich eigentlich um zwei Ausstellungen handelt. Denn einmal handelt es sich um die Ausstellung *Zeit des Schreckens. Die deutsche Besatzung auf Kreta*, also um die Kriegszeit. Der zweite Teil der Ausstellung handelt von den Gedenkstätten und Mahnmalen, die die Kreter zur Erinnerung an diese Schreckenszeit und ihre Toten errichtet haben. Dieser Teil heißt: *Sagt also der Sonne, dass sie einen neuen Weg finde – Gedenkstätten und Friedensinitiativen auf Kreta*. Die Texte und Fotos zu diesem Teil sind von Frau Rena Bayer aus Darmstadt.

Meine Damen und Herren, Sie werden vermutlich alle schon einmal auf Kreta gewesen sein. Es ist ja eine der Lieblingsinseln der Deutschen, um dort Sonne, Strände, Landschaften, Kultur und die berühmte kretische Gastfreundschaft zu genießen. Jeder von Ihnen kennt vermutlich auch den Roman oder den Film *Alexis Sorbas*, der nicht nur in

Deutschland eine wahre Kreta-Begeisterung ausgelöst hat. Aber nur wenige Deutsche wissen oder wollen wissen, was im deutschen Namen auf dieser Insel in den Jahren 1941 bis 1945 geschehen ist. Der Titel der ab heute hier gezeigten Ausstellung sagt es: Die deutsche Besatzung dort war eine *Zeit des Schreckens* – sowohl auf Kreta wie auch im übrigen Griechenland. Ich finde, in einer Zeit, in der die Rechtsextremen und Neonazis Morgenluft wittern und die Bundeswehr zu Kämpfen in die ganze Welt geschickt wird, muss man daran erinnern, was Krieg und Besatzung bedeuten.

Ich möchte zum Verständnis der Ausstellung eine kurze historische Darstellung des Krieges in Hellas und auf Kreta geben. Zuvor möchte ich aber noch einige persönliche Anmerkungen zu diesem Thema machen. Ich kenne Griechenland und Kreta seit über 50 Jahren. Ich war 1967 als Student zum ersten Mal dort und habe damals dieses Land, seine Menschen und seine Kultur tief in mein Herz geschlossen und habe Hellas – besonders Kreta – bis heute die Treue gehalten. Und eins ist mir dabei besonders aufgefallen: Obwohl Hitlers Armee dort so furchtbar gewütet hat, habe ich nie – nicht ein einziges Mal – von Griechen oder Kretern einen Vorwurf oder eine Anklage gegen mich als Deutschen gehört. Erst wenn man die Menschen auf den Krieg anspricht – und ich habe das aus historischem Interesse immer wieder getan –, erzählen sie von den schlimmen Geschehnissen unter der deutschen Besatzung. Und dann erfährt man, dass es keine Familie gibt, die nicht Opfer oder Verluste zu beklagen hat oder dass Familienangehörige direkt im Widerstand gegen die Deutschen gekämpft haben.

Ich möchte hier ein Beispiel für Widerstand erzählen. Meine Frau und ich wohnen seit vielen Jahren im Sommer für ein paar Wochen in einem sehr schönen kleinen Haus direkt am Meer in einem südkretischen Dorf, das uns inzwischen zur zweiten Heimat geworden ist, so wie der Vermieter dieses Hauses längst zu einem sehr guten Freund. Dieser Kreter erzählte uns, dass sein Onkel, der Bruder seiner Mutter, einer der größten Widerstandskämpfer gegen die Deutschen während der Besatzungszeit war. Er hieß Nikos Petrakis. Seine Großtat bestand darin, dass er zusammen mit seinen Leuten eine ganze Staffel von Stuka-Bombern, die in Heraklion zwischengelandet und auf dem Weg nach Nordafrika waren, wo sie Rommels Truppen unterstützen sollten, nachts in die Luft gejagt hat – und das Treibstofflager gleich dazu. Es war einer der größten Sabotageakte des Zweiten Weltkrieges. Auf einer Grünanlage vor dem Flughafengebäude haben die Kreter ihm einen Gedenkstein für diese Tat gesetzt.

Das Leben und die Großtat des Nikos Petrakis offenbart aber auch zugleich die ganze Tragik der griechischen Geschichte des 20. Jahrhunderts, die vor allem auf der politischen Zerrissenheit dieses Landes beruht. Nikos Petrakis wollte nach dem Krieg wieder in seinen Beruf zurückkehren, er war Lehrer. Aber auf der zuständigen Behörde sagte man ihm: *Du hast gegen die Nazis gekämpft. Du darfst nicht mehr arbeiten!* In Deutschland nennt man das Berufsverbot.

Der Hintergrund war: Der linke Widerstand hatte im Bündnis mit anderen Parteien und Gruppen im Lauf des Krieges weitgehend die Kontrolle über das ganze Land gewonnen, die Rechten hatten aber zum Teil mit den Nazis kollaboriert. Dann kam es nach 1945 zwischen Linken und Rechten zum Bürgerkrieg, der bis 1949 dauerte. Großbritannien griff auf der Seite der Rechten in den Bruderkrieg ein und hat ihn dadurch entschieden. Die Linke wurde geschlagen. Die alten Verhältnisse wurden restauriert. Die Briten setzten den König wieder ein, eine rechte autoritäre Regierung übernahm die Macht. Und deshalb wurden die linken Widerstandskämpfer zu Verrätern erklärt und bekamen Berufsverbot, viele von ihnen wurden verhaftet und kamen auf die berüchtigten Gefangeneninseln Leros oder Makronissos oder mussten ins Ausland fliehen.

Der Mythos vom *Sieg der Kühnsten*

Nun möchte ich auf die Kriegsereignisse auf Kreta eingehen. Deutsche Fallschirmjäger haben auf Hitlers Befehl hin Kreta am 20. Mai 1941 aus der Luft angegriffen, stießen dabei aber auf den nicht vorhergesehenen heftigen Widerstand der Einheimischen und der auf der Insel anwesenden britischen und neuseeländischen Truppen. Dieser Angriff der Wehrmacht, der unter dem mythologischen Titel *Merkur* durchgeführt wurde, war der Auftakt zur Eroberung der Insel. (Merkur oder Hermes war ja der geflügelte Götterbote der antiken Griechen.) Der Angriff der Fallschirmjäger wurde später ganz im Sinne des Mythos verklärt. Von einem *Titanenkampf* war da die Rede, von einem *Sieg der Kühnsten.*

Zu diesem Mythos hat nicht zuletzt auch der Schriftsteller Erhart Kästner beigetragen, der als Soldat während der Besatzungszeit in Griechenland Dienst tat und im Auftrag der Wehrmacht Bücher über Griechenland und Kreta geschrieben hat. Ich möchte Ihnen nicht vorenthalten, was er da über die Invasion auf Kreta verfasst hat und zwar, als er am Fuße des Olymp stehend – also auf dem Festland – einen Zug mit Wehrmachtssoldaten sah, die von den Kämpfen auf der Insel zurückkehrten. Da heißt es: „An dieser Stelle unserer Fahrt begegneten wir einem Zug, der nordwärts fuhr und auf einer Ausweichstelle der eingleisigen Strecke unser wartete. Es waren Männer von Kreta, die von dort kamen und nun einem neuen Ziel und einem neuen Kampf entgegengingen. Unser Zug schob sich langsam an der nachbarlichen Wagenreihe entlang. Auf den offenen flachen Eisenbahnwagen standen fest vertäut die Geschütze, die Kraftwagen und die Räder, von Staub überpudert und deutlicher von den überstandenen Strapazen redend als die Männer. Darauf und dazwischen saßen, standen und lagen gleichmütig die Helden des Kampfes, prachtvolle Gestalten. Sie trugen alle nur die kurze Hose, manche den Tropenhelm, und blinzelten durch ihre Sonnenbrillen in den hellen Morgen. Ihre Körper waren von der griechischen Sonne kupferbraun gebrannt, ihre Haare weißblond. Da waren sie, die ‚blonden Achaier' Homers, die Helden der Ilias. Wie jene stammten sie aus dem Norden, wie jene waren sie groß, hell, jung, ein Geschlecht prahlend in der Pracht seiner Glieder. Alle waren sie da, der junge Antenor, der massige Ajax, der geschmeidige Diomedes, selbst der strahlende, blondlockige Achill. Wie anders denn sollten jene ausgesehen haben als diese hier, die gelassen ihr Heldentum trugen und ruhig und kameradschaftlich, als wäre es weiter nichts gewesen, von den Kämpfen auf Kreta erzählten, die wohl viel heldenhafter, viel kühner und viel bitterer waren als alle Kämpfe um Troja. Wer auf Erden hätte jemals mehr Recht gehabt, sich mit jenen zu vergleichen als die hier – die nicht daran dachten. Sie kamen vom schwersten Siege, und neuen, unbekannten Taten fuhren sie entgegen. Keiner von ihnen, der nicht den Kameraden, den Freund da drunten gelassen hatte. Um jeden von ihnen schwebte der Flügelschlag des Schicksals. Es wehte homerische Luft." (Kästner 1942, 9f.)

Diese Sätze stammen von einem Schriftsteller, der seine NS-Bücher über Griechenland und Kreta nach dem Krieg von den *braunen* Stellen gereinigt und neu herausgebracht hat. Sie sind im renommierten Insel-Verlag erschienen und so mancher Griechenlandreisende ist dann mit diesen Büchern noch durch Hellas gewandert.

Wie sah aber die Wirklichkeit des Krieges auf der Insel aus? Dazu möchte ich in aller Kürze auf drei Fragen eingehen. 1. Warum lag es im Interesse der NS-Führung, Griechenland und Kreta zu erobern? 2. Wie sah die deutsche Besatzung auf der Insel aus? und 3. Wie war die Bilanz des *Unternehmens Merkur*?

Hitlers Pläne

Zu Punkt 1: Die deutsche Führung (damit meine ich immer Hitler und die Militärs) hatte ursprünglich kein Interesse daran, den Krieg auf Griechenland und Kreta auszudehnen. Sie wollte im südosteuropäischen Raum eigentlich Ruhe haben, um sich ganz auf die bevorstehende Invasion der Sowjetunion konzentrieren zu können, auf das *Unternehmen Barbarossa*. Die deutsche Führung änderte aber ihre Planungen wegen der Aggressionspolitik des deutschen Bündnispartners Italien.

Denn Mussolinis Truppen mussten in Griechenland und Nordafrika herbe Niederlagen einstecken, was für die deutsche Kriegsplanung einen Unsicherheitsfaktor darstellte, vor allem für das *Unternehmen Barbarossa.*

Denn die deutsche Führung wollte unbedingt die südöstliche Flanke Europas für den Überfall auf die Sowjetunion gesichert wissen, was nun durch die italienischen Niederlagen nicht mehr gegeben war. Außerdem hatte Hitler auch die Öl-Ressourcen Rumäniens im Auge, die er für seinen Krieg brauchte. Zudem gab es auf deutscher Seite Befürchtungen, dass die Briten Kreta besetzen würden, was ihnen, da sie schon Rhodos und Zypern in ihrem Besitz hatten, eine Übermacht im östlichen Mittelmeer verschaffen würde.

Das Ziel der deutschen Führung war dann also, mit der Eroberung Griechenlands und Kretas die südöstliche Flanke für die Invasion der Sowjetunion zu sichern. Die Insel sollte als *Stützpunkt für die Luftkriegführung gegen England im Ost-Mittelmeer* besetzt werden. Der Angriff auf Griechenland war am 20. April 1941 erfolgt, das Land war in wenigen Tagen erobert worden. Kreta wurde auf persönliche Anweisung Hitlers einen Monat später, am 20. Mai, angegriffen.

Die Deutschen Fallschirmjäger stießen wie erwähnt auf heftigen Widerstand von britischen Truppen, die von Einheiten aus Australien und Neuseeland verstärkt wurden. Aber auch Kreter beteiligten sich an den Kämpfen. Die deutschen Fallschirmjäger erlitten schwere Verluste, es kamen etwa 5000 Soldaten ums Leben, weshalb Hitler sich entschied, nie wieder Luftlandetruppen in großem Ausmaß einzusetzen. Dennoch konnte die Wehrmacht die Insel erobern.

Zu Punkt 2: Die deutsche Besatzungsherrschaft auf Kreta. Sie war, wie es der Titel der Ausstellung sagt, eine *Zeit des Schreckens.* Sehr kurz nach der Eroberung der Insel trat der kretische Widerstand in Aktion. Kreta ist wegen seiner wichtigen strategischen Lage immer wieder von fremden Mächten besetzt worden – von Römern, Sarazenen, Venezianern und Osmanen – und im 20. Jahrhundert eben von den Deutschen. Diese Geschichte der Besetzungen hat bei den Kretern eine unbändige Freiheitsliebe und einen großen Freiheitswillen geschaffen, der sich nun gegen die deutschen Besatzer richtete.

Am Anfang wurde der Widerstand von der breiten Masse der Bevölkerung getragen: Männer, Frauen, Priester und sogar Kinder kämpften mit primitivsten Mitteln – alten Flinten, Beilen, Sicheln, Steinen und Knüppeln – gegen die eindringenden Fallschirmjäger. Später organisierte sich der Widerstand in zwei Partisanengruppen – der linken ELAS und der konservativen EOS. Auf die Anschläge dieser Partisanengruppen reagierten die Deutschen mit aller Härte und Grausamkeit – vor allem mit sogenannten *Vergeltungs- und Sühnemaßnahmen.* Das heißt: In den Dörfern wurden Einwohner (zumeist alle kampffähigen Männer) erschossen, Kontributionszahlungen eingefordert, ganze Ortschaften geplündert und niedergebrannt. Nicht selten befanden sich in den Häusern, die niedergebrannt wurden, noch ältere und kranke Menschen, worauf keine Rücksicht genommen wurde.

Sühnemaßnahmen der Wehrmacht

Die Wehrmacht bestrafte nach dem Sippenhaftprinzip: *Einer für alle, alle für einen!,* wobei auch Unbeteiligte liquidiert wurden. In der Nähe von Chania gab es das Konzentrationslager Agyia, in dem die Gefangenen unter furchtbaren Bedingungen – einschließlich Folter – festgehalten wurden. Über 1000 Kreter wurden hier erschossen.

Es gab aber immer noch Briten auf der Insel, die als Agenten mit dem kretischen Widerstand zusammenarbeiteten. Dieser Widerstand war der deutschen Wehrmacht an Kampfkraft natürlich weit unterlegen und beschränkte sich daher auf Aktionen aus dem Hinterhalt. Die Partisanen stellten für die Besatzungsmacht keine entscheidende Gefahr dar, jedoch bewirkten die ständigen Nadelstiche der Widerstandsorganisationen in Verbindung mit dem Wissen, dass der Großteil der Bevölkerung auf ihrer Seite stand, ein Gefühl der

Das Denkmal für die Ermordeten in Viannos

permanenten Unsicherheit bei den Deutschen. Für den Fall einer alliierten Landung auf Kreta wurde der Widerstand als latente Bedrohung angesehen. Auch Frauen kämpften aktiv im Widerstand mit. Sie versorgten die Kämpfer in den Bergen mit allem Nötigen – Lebensmitteln, frischer Kleidung und Decken, sie pflegten die Verwundeten und übermittelten Nachrichten.

Es ist unmöglich, hier alle Massaker aufzuzählen, die die Wehrmacht auf Kreta begangen hat. Zwei will ich aber nennen: das Massaker von Viannos im Osten der Insel im September 1943. Die Partisanen hatten dort eine deutsche Einheit angegriffen, es gab dabei 12 Tote. Die Sühnemaßnahmen waren furchtbar: Es wurden regelrechte Massenexekutionen vorgenommen: 440 Kreter wurden erschossen und mehrere Dörfer – auch das große Dorf Viannos – wurden niedergebrannt und völlig zerstört. Ähnlich furchtbar war die Vernichtung der Stadt Anogia im Ida-Gebirge im August 1944. Hier wurde den Einwohnern unterstellt, heimlich britische Agenten zu unterstützen. Alle Häuser des Ortes wurden erst zerstört und die Reste dann noch mit Dynamit gesprengt.

Auch Greise und Greisinnen sowie die Kranken, die nicht fliehen konnten, wurden umgebracht – insgesamt waren es in Anogia 117 Menschen.

Ein Abschnitt der deutschen Besatzung darf hier nicht übersehen werden. Im Zuge der *Endlösung der Judenfrage* leistete die Wehrmacht auf Kreta auch ihren Vernichtungsbeitrag. Mitte Mai 1944 trieben die deutschen Soldaten in Chania die dortige jüdische Gemeinde, die einzige auf Kreta, zusammen, um sie nach Auschwitz zu deportieren. Diese 700 Juden wurden nach Heraklion geschafft und dort im Hafen auf den Frachter *Danais* verladen. Das Schiff ist in Piräus aber nie angekommen. Es wurde auf dem Weg dorthin in der Ägäis torpediert und sank. Niemand wurde gerettet. Es ist bis heute nicht geklärt, wer den Torpedo abgeschossen hat. Waren es die Briten, die vielleicht nichts von der Menschenladung an Bord wussten und einen deutschen Frachter treffen wollten, oder waren es die Deutschen, die sich auf diese Weise der Juden entledigen wollten?

Die Untaten der Deutschen auf Kreta haben sich auch in Dichtungen und Liedern, die zu jener Zeit entstanden, niedergeschlagen. Es verwundert nicht, dass die deutschen Soldaten hier nicht nur als Mörder, sondern als Barbaren, Hunnen, als Hunde und Wölfe bezeichnet wurden.

Die Gewalt der Wehrmacht gegen die Kreter nahm noch zu, als eine Gruppe von Briten und kretischen Partisanen den deutschen General Karl Kreipe entführte. Als sich im Sommer und Herbst 1944 die deutsche Kriegsniederlage deutlich abzeichnete, nahm auch der Rückzug aus Kreta konkrete Formen an. Die Wehrmacht befürchtete nun verstärkt Anschläge. Der kommandierende deutsche General Müller gab die Devise aus, *es dürfe keine Zurückhaltung mehr gegenüber nichtschuldigen Männern, Frauen und Kindern geben.*

Am 9. Mai 1945 unterschrieb der deutsche General Benthack die Kapitulation der Wehrmacht auf Kreta. Es entstand zu dieser Zeit eine makabre Situation auf der Insel. Die siegreichen Briten arbeiteten nun eng mit den besiegten Deutschen zusammen gegen ihre Verbündeten, die kretischen Partisanen. Der Grund: Die Deutschen und die Briten wollten verhindern, dass die Waffen und die Munition der Wehrmacht in die Hände der Widerstandsgruppen fielen. Was die verständliche Wut der Kreter hervorrief, die sich verraten fühlten.

Schreckliche Bilanz der Besatzung

Zu Punkt 3: Die Bilanz der deutschen Besatzung auf Kreta war schrecklich: 3474 Kreter waren von den Deutschen exekutiert worden. Insgesamt wurden etwa 9000 Zivilisten getötet. Rund 40 Dörfer wurden völlig zerstört, ebenso viele zur Hälfte. Die kretische Landwirtschaft war durch den Raub der Wehrmacht völlig zusammengebrochen. Es gab kaum noch Rinder und Schafe, auch die hatte die Wehrmacht für ihre Eigenversorgung geraubt. Der (schon erwähnte) kretische Schriftsteller Nikos Kazantzakis, der sehr deutschfreundlich war, (er hatte Goethe und Nietzsche ins Griechische übersetzt) wurde von der Regierung in Athen beauftragt, zusammen mit zwei Professoren die Kriegsschäden und menschlichen Verluste auf der Insel zu untersuchen. Sein Urteil gipfelte in dem Satz: „Ich kann nicht verstehen, dass ein so hochstehendes Kulturvolk wie die Deutschen zu solchen Gräueln fähig ist." (Kazantzakis 1989)

Wenigstens in einer Hinsicht widerfuhr den Kretern aber Gerechtigkeit: Die beiden deutschen Generäle Bräuer und Müller, die für die Gräuel auf der Insel hauptverantwortlich waren, wurden im September 1946 in Athen vor Gericht gestellt, für schuldig befunden und hingerichtet.

Auch militärisch war das *Unternehmen Merkur* ein Pyrrhussieg, denn die eigenen Verluste waren hoch: über 5000 deutsche Soldaten sind auf Kreta gefallen. Der *Sieg der Kühnsten* auf Kreta hatte der Wehrmacht zudem keinen großen Nutzen gebracht: Die Vorherrschaft der Briten im östlichen Mittelmeer wurde nicht gebrochen, die Rolle Kretas als Nachschubbrücke für Rommels Armee in Nordafrika blieb gering und die Schiffsverbindung zwischen Piräus und Kreta blieb äußerst unsicher, weil sie ständigen britischen Angriffen ausgesetzt war.

Die Kreter selbst taten sich dann aber schwer mit der Aufarbeitung ihrer Vergangenheit. Denn viele Kreter hatten auch mit den Deutschen kollaboriert, was nach dem Ende des Krieges Spaltungen in der Bevölkerung zur Folge hatte. Die Auseinandersetzungen zwischen linken und rechten Partisanengruppen führten ab 1945 zum Bürgerkrieg in Griechenland, der – ich sagte es schon – durch das Eingreifen der Engländer für die Rechte entschieden wurde. Erst der linke Ministerpräsident Andreas Papandreou hat nach dem Ende der Militärjunta-Zeit – in den 80er Jahren – die linken Widerstandskämpfer und ihre Familien rehabilitiert, erst dann durften viele von ihnen aus dem Exil nach Griechenland zurückkehren. Damit fand die griechische Tragödie wenigstens ein vorläufiges Ende.

Ein Wort muss ich noch aus deutscher Sicht zum griechischen und kretischen Widerstand sagen. Diese Gruppen wurden in Deutschland oft voller Verachtung als *Banditen* und *rote Freischärler* und *rote Banden* bezeichnet. Das ist sehr ungerecht, denn sie haben als griechische Patrioten gegen die Besetzung durch eine fremde Macht und für die Freiheit ihres Landes gekämpft – also für eine sehr gerechte Sache. Außerdem waren sie ein Teil des Widerstandes, der mit dazu beigetragen hat, das Terrorregime des Nationalsozialismus in Europa zu besiegen. Das sollte man nicht vergessen.

Schließen möchte ich mit einer persönlichen Beobachtung, die ich in dem Dorf Pitsidia im Süden Kretas gemacht habe. Auf einem Hügel in der Nähe dieses Dorfes kann man heute noch die Reste einer deutschen Militäranlage sehen. Ein betonierter Kreis mit einem Eisenring darin deutet darauf hin, dass hier wohl eine drehbare Flak gestanden hat. Etwas tiefer am Berg gibt es Unterkünfte für die Soldaten, die teils in den Felsen geschlagen, teils davor mit Natursteinen gebaut waren. Die Ruinen der Gebäude stehen heute noch. Um ihre Behausungen etwas zu verschönern, haben die Soldaten an die Innenwände Bilder gemalt – Erinnerungen an die Heimat oder an Reisen nach Venedig oder Rom. Ein Soldat hat aber mit der in der NS-Zeit gern verwendeten Sütterlin-Schrift seine Einstellung zum Krieg auf Kreta, die vermutlich auch seine Lebenseinstellung war, in einen gemalten Bilderrahmen eingetragen. Sie lautet: *Wir sind nicht geboren, um glücklich zu sein, sondern unsere Pflicht zu tun!* Welche Art von Pflicht das war, sehen Sie in dieser Ausstellung.

Ich danke Ihnen.

Von Goethes Hellas-Glauben zu Hitlers Griechenlandwahn

Der deutsch-französische Kultursender ARTE brachte kürzlich eine sehenswerte Filmdokumentation über die Beziehung der Deutschen zu den Griechen. Der Titel: *Liebe mit Hindernissen. Deutsche und Griechen.* Der Film leuchtete diese Beziehung bis tief in die gemeinsame Geschichte aus – bis zur Krise vor einigen Jahren. Aber ist es wirklich nur eine *Liebe mit Hindernissen* oder hat diese Beziehung nicht noch tiefere Ursachen, Motive und Antriebe? Gibt es nicht auch Tragik in diesem Verhältnis? Die Berliner Kulturwissenschaftlerin und Germanistin Claudia Mölders hat jetzt mit ihrem Buch *Faust & Helena. Eine deutsche Faszinationsgeschichte* eine Antwort auf diese Frage gesucht.

Im Jahr 1936 hatte der deutsche Germanist Walter Rehm (1901 bis 1963) das Buch *Griechentum und Goethezeit. Geschichte eines Glaubens* herausgebracht. Darin feierte er die deutsche Verehrung für das antike Hellas als *Gottesdienst.* Goethe hatte seine *Iphigenie,* als sie am Strand der Krim stand und schmerzvoll an die ferne Heimat dachte, den entscheidenden Satz sagen lassen, der der deutschen Griechenlandsehnsucht erst den Inhalt gab: „Und an dem Ufer steh' ich lange Tage, das Land der Griechen mit der Seele suchend." (Rehm 1936, 128)

Rehm deutet diesen Satz – sicher richtig – als das Sinnbild des deutschen Verlangens nach einem fernen Griechentum, das zuletzt in das eigene ewige Menschentum führen sollte, ein Menschentum, das das apollinische Ideal des harmonischen Maßes in den Seelen realisieren sollte. So gesehen war für Goethe jeder auf seine Art ein Grieche. Rehm schreibt: „Fühlen, denken, handeln wie ein Grieche bedeutet aber für Goethe nichts anderes als fühlen, denken, handeln wie ein voller, echter Mensch; das heißt: sich mit Da-Sein erfüllen, die wesentlichen Formen dieses Da-Seins, des eigentlich

Menschlichen wieder gewahr werden und sie in der bunten Vielfalt des Lebens und der Kunst durchscheinen lassen. In diesem Sinne war Goethe in all seinen Werken ein Grieche." (Ebd., 124ff., 165)

Die Hochzeit Fausts mit Helena in *Faust II* auf der Burg von Mistra bei Sparta deutet Rehm als Zeichen der Wahlverwandtschaft zwischen Griechen und Deutschen, als die erstrebte höhere Einheit des Griechischen und des Deutschen, des Südens mit dem Norden. Helena ist der Inbegriff der griechischen Schönheit, die vollkommene Gestalt, und in der Vermählung mit ihr erfüllt sich Fausts unendliche Sehnsucht nach dieser einmal erkannten Schönheit. Gleiches kann aber nur durch Gleiches erkannt und angenommen werden – das ist der Grund, dass griechische und deutsche Humanität so eng verwandt sind.

Die Geschichte des nordischen Zauberers Faust, der den Schatten der Helena aus der Unterwelt heraufbeschwört, sie auf der Burg von Mistra heiratet und mit ihr den Homunkulus-Sohn Euphorion zeugt, der aber nur wie ein Blitz im Fluge lebte und sich dann in Nichts auflöste, wird zur düsteren Allegorie für das Verhältnis von Deutschen und Griechen. Sie ist auch der Ausgangspunkt für Claudia Schmölders Buch.

Ausgelöst hatte den deutschen Griechenland-Glauben der Kunsthistoriker Johann Joachim Winckelmann (1717 bis 1768). Seine Wiederentdeckung der Kunst der antiken Griechen leitete eine Kulturrevolution ein – nicht nur in Deutschland. Diese Kunst erklärte er zum höchsten Ideal. In seinem Manifest über die *Nachahmung der Alten* schrieb er: „Das allgemeine vorzügliche Kennzeichen der griechischen Meisterstücke ist endlich eine edle Einfalt und eine stille Größe, sowohl in der Stellung als im Ausdrucke. So wie die Tiefe des Meeres allezeit ruhig bleibt, die Oberfläche mag noch so wüten, ebenso zeigt der Ausdruck in den Figuren der Griechen bei allen Leidenschaften eine große und gesetzte Seele." (Ebd., 23ff, 47)

Winckelmanns kulturrevolutionäre Gedanken bezogen aber nicht nur die Kunst – also das Ästhetische – ein. Griechenland, das stand auch für ein wunderbares Klima, eine vorbildliche demokratische Verfassung und große Denker und Dichter. Es war also der gegebene Kontrast zum kalten und unwirtlichen Deutschland im Norden, in dem strenger Protestantismus und Militarismus herrschten. Friedrich Hölderlin (1770 bis 1843) hatte sich ganz ähnlich in seinem *Hyperion* über Deutschland geäußert, er nannte das Leben dort „schal und sorgenschwer und übervoll von kalter, stummer Zwietracht." (Ebd., 25)

Heimat als zentraler Begriff des deutschen Griechenlandglaubens

Fast die gesamte deutsche Intelligenz, von Goethe, Schiller und Hölderlin bis zu Friedrich Nietzsche, hing dem Griechenlandglauben an. Claudia Schmölders schreibt: „Der Pfad, auf dem die Idealisten zu jener fieberhaft begehrten Helena vordringen wollten, war der Traum vom klassischen Hellas als eigner Heimat, den Goethe dann mit so viel Leben wie möglich erfüllen wollte, nämlich mit einer Verkörperung des schönen Idols, einer Hochzeit und sogar einer Geburt." (Schmölders 2018, 12)

Das Goethe-Schiller-Denkmal in Weimar

Heimat war also das Stichwort, das alle deutschen Griechenland-Gläubigen anführten – mit dem Blick auf das Sehnsuchtsland, das sie aber nie sehen sollten. Hölderlin war von der Sehnsucht nach dieser Heimat geradezu besessen. Er schrieb: „Ach! einmal dort an Suniums Küste möcht'/ ich landen, deine Säulen, Olympion!/ erfragen, dort, noch eh der Nordsturm/ hin in den Schutt der Athenertempel/ und ihrer Götterbilder auch dich begräbt; / denn lang schon einsam stehst du, o Stolz der Welt,/ die nicht mehr ist!" (Rehm 1936, 319f.) Griechenland war für ihn die Einheit von Natur, Gott und Mensch und die Wiederkehr des Griechischen würde diesen Bund wiederherstellen – die Rückkehr der Götter ist auch die Rückkehr des Griechischen im Deutschen. Hölderlin schrieb: „Mich ergriff das schöne Phantom des alten Athens wie einer Mutter Gestalt, die aus dem Totenreich zurückkehrt." (Schmölders 2018, 71) Das Altgriechische war für ihn die *Sprache der Mutter*. In einem Park in Frankreich soll er 1802 die dort stehenden griechischen Statuen angesprochen haben – die Hände erhoben zum Gebet.

Hölderlins Klassenkamerad im Tübinger Stift Georg Wilhelm Friedrich Hegel (1770 bis 1831) schrieb in seinen *Vorlesungen zur Geschichte der Philosophie*: „Bei dem Namen Griechenland ist es dem gebildeten Menschen in Europa, insbesondere uns Deutschen heimatlich zumute. (...) Was aber uns heimatlich bei den Griechen macht, ist, dass wir sie finden, dass sie ihre Welt sich zur Heimat gemacht; der gemeinschaftliche Geist der Heimatlichkeit verbindet uns. Wie es im gemeinen Leben geht, dass uns bei den Menschen und Familien wohl ist, die heimatlich bei sich, zufrieden in sich sind, nicht hinaus, hinüber, so ist es der Fall bei den Griechen." (Ebd., 72)

Auch der preußische Politiker und Reformer Wilhelm von Humboldt (1767 bis 1831) muss in diesem Zusammenhang genannt werden. Auch er war ein glühender Verehrer der griechischen Antike. Für ihn war das Studium des griechischen Altertums – vor allem auch der griechischen Sprache – die Voraussetzung jeder *echten* Reform, die Deutschland in die Lage versetzen sollte, einer Revolution wie der französischen zu entgehen. Das Studium des Altertums sollte ein dritter Weg zwischen Reaktion und Revolution sein, in Wirklichkeit sollte es aber dazu dienen, in Deutschland den gesellschaftlichen Status quo abzusichern. Das von ihm geschaffene Erziehungswesen mit dem Ziel der klassischen Bildung wurde ein tragender Pfeiler der preußischen Gesellschaftsordnung.

In diesem Sinne hat Humboldt auch das Humanistische Gymnasium geschaffen. (Ebd., 257)

Auch Friedrich Nietzsche (1844 bis 1900) sah das „Zuhause des eigenen Geistes und des eigenen Gemüts" im alten unwiederbringlichen Griechenland: „Wir nähern uns heute allen jenen grundsätzlichen Formen der Weltauslegung wieder, welche der griechische Geist in Anaximander, Heraklit, Parmenides, Empedokles, Demokrit und Anaxagoras erfunden hat, wir werden von Tag zu Tag griechischer, zuerst, wie billig, in Begriffen und Werthschätzungen, gleichsam als gräcisierende Gespenster: aber dereinst hoffentlich auch mit unserem Leibe! Hierin liegt (und lag von jeher) meine Hoffnung für das deutsche Wesen!" (Ebd., 75)

Es waren aber nicht nur die Dichter und Denker, die so imaginär und neurotisch ein versunkenes Hellas als Heimat phantasierten. Auch die Archäologen der Zeit dachten ähnlich. Ernst Curtius (1814 bis 1896), der Ausgräber von Olympia, bekannte euphorisch über diesen Ort: „Was dort in der dunklen Tiefe liegt, ist Leben von unserem Leben. Wenn auch andere Gottesboten in die Welt ausgezogen sind und einen höheren Frieden verkündet haben als die olympische Waffenruhe, so bleibt Olympia doch auch für uns heiliger Boden und wir sollen in unsere Welt herübernehmen den Schwung der Begeisterung, die aufopfernde Vaterlandsliebe, die Weihe der Kunst und die Kraft der alle Mühsal des Lebens überdauernden Freude." (Ebd., 69) Was die Nazis dann auch 1936 mit ihren Olympischen Spielen in die Tat umsetzten. Alle die genannten Dichter, Denker und Forscher fühlten sich als Erben des antiken Hellas, und es war ihr Bestreben, „immer tiefer in das wahre alte Hellas zurück zu tauchen, wo man sich selbst zu finden glaubte", schreibt Claudia Schmölders.

Nur der Realist Heinrich Schliemann (1822 bis 1890), der sich in die griechische Antike nicht nur zurücksehnte, sondern „sich eingraben wollte in ein Pharaonengrab", fiel aus der Rolle, denn er hatte „eine untechnische, geistige, nämlich sprachliche Entdeckung gemacht, er hatte eine vergangene Wirklichkeit hinter den Buchstaben entdeckt; er hatte in der

Tiefe der Geschichte gegraben und sich nicht mit der Oberfläche einer Fiktion begnügt", schreibt die Autorin. Aber musste er sich nicht der mythischen und der goetheschen Helena ganz nah fühlen, als er das bei seinen Ausgrabungen in Troja gefundene Geschmeide seiner griechischen Frau Sophia umhängte?

Die Vertreter der Lehre von der Überlegenheit der nordischen Rasse gewinnen an Boden

Unter deutschen Gelehrten (vor allem Vertretern der Romantik) war die Ansicht weit verbreitet, dass irgendwann eine bedeutende Gruppe indogermanisch sprechender Einwanderer (*Arier*), die aus dem Norden kam, in Griechenland eingedrungen war und dort die antike Hochkultur begründet hatte. In dieser These steckte natürlich die rassistische Idee, dass diese Nordeuropäer (man dachte da vor allem an die Dorer) allen anderen Völkern in der östlichen Mittelmeerregion in jeder Hinsicht überlegen und nur sie in der Lage waren, die Grundlagen der westlichen Zivilisation in Griechenland zu schaffen. Denn für diese Denkrichtung war es unerträglich und unvorstellbar, dass afrikanische (also vor allem ägyptische) und vorderasiatisch-semitische Stämme oder Völker (etwa die Phönizier) an der Entstehung der antiken griechischen Hochkultur beteiligt sein könnten. Diese Anschauung ist also auch mit starken antisemitischen Elementen durchsetzt.

Der britische Sinologe und Fachmann für Nahost-Studien Martin Bernal geht deshalb davon aus, dass auch und gerade der deutschen Griechenlandsehnsucht ein nordisches Bild Altgriechenlands zu Grunde liegt. Er sieht diesen Griechenlandenthusiasmus als „eine Folge der Projektion des Wunschdenkens von Nordeuropäern des 19. Jahrhunderts, die in die Griechen der Antike hineinlegten, wonach sie sich sehnten und wie sie selbst zu sein (oder wenigstens gesehen zu werden) wünschten." Bernal macht aber die Einschränkung, dass nordische Elemente doch an der Schaffung des antiken Hellas beteiligt gewesen sein müssten, da das Altgriechische eine indogermanische Sprache sei. Aber die These, dass Griechenlands antike Hochkultur das Ergebnis nordischer Einwanderung war, wird seine immense Wirkung weiter entfalten – bis zum Nationalsozialismus.

Von diesem Gedankengut waren auch die deutschen und europäischen Philhellenen stark beeinflusst, die am Anfang des 19. Jahrhunderts in Scharen nach Griechenland eilten, um den Hellenen in ihrem Freiheitskampf gegen die osmanische Herrschaft zu helfen. Aber sie mussten feststellen, dass sie einem Irrtum erlegen waren. Denn sie waren davon ausgegangen, dass die modernen Griechen noch mit den antiken Vorbildern identisch waren, aber diese wussten wenig oder nichts mehr von ihrer eigenen großen Geschichte. Die Philhellenen erlebten sie als abergläubische, christliche und *schmutzige* Abkömmlinge, die als *byzantinisierte Slawen* betrachtet wurden, also in ihren Augen keinerlei *rassische Reinheit* besaßen und ihren hochgeschraubten, an der Antike orientierten Maßstäben in keiner Hinsicht entsprachen.

Die griechischen Freiheitskämpfer siegten mit ihren philhellenischen Helfern im Kampf gegen die Türken. Ein neugriechischer Staat entstand. Die Großmächte England, Frankreich und Russland setzten 1830 den ersten griechischen König ein: Otto I., ein Philhellene aus dem Hause Wittelsbach, der Griechenland nach dem Vorbild Bayerns zu einem modernen Staat machen wollte. Aber diese neu aufgelegte Ehe von Faust und Helena scheiterte. 1863 wurde Otto zur Abdankung gezwungen, weil die Hofhaltung und die bayrische Beamtenschaft zu viel Geld verschlungen hatten. Der Staatsbankrott stand bevor – nicht zum letzten Mal in der griechischen Geschichte.

Die verhängnisvollen Thesen des Jakob Philipp Fallmerayer

Dann trat ein Mann auf, der das Weltbild der deutschen Philhellenen einerseits bestätigte, zugleich aber auch zutiefst erschütterte: der Historiker, Orientalist und Publizist

Jakob Philipp Fallmerayer (1790 bis 1861), der aus Südtirol stammte. Er stellte die These auf, dass die antiken Griechen ausgestorben seien, weil Albaner und Slawen sie verdrängt hätten. Seine Hauptthese, die er 1830 veröffentlichte, lautete: „Das Geschlecht der Hellenen ist in Europa ausgerottet. Schönheit der Körper, Sonnenflug des Geistes, Ebenmaß und Einfalt der Sitte, Kunst, Einfalt, Stadt, Dorf, Säulenpracht und Tempel, ja sogar der Name ist von der Oberfläche des griechischen Kontinents verschwunden. (...) Denn auch nicht ein Tropfen echten und ungemischten Hellenenblutes fließt in den Adern der christlichen Bevölkerung des heutigen Griechenlands." Slawen und Albaner haben also nach Fallmerayer dafür gesorgt, dass es das *hellenische Blut* nicht mehr gibt. (Ebd., 50)

Diese Sätze, die darauf abzielten, Helena aus den Phantasien der deutschen Griechenland-Enthusiasten und Philhellenen zu vertreiben, konnte man natürlich nur rassisch verstehen. Sie waren von ungeheurer Wirkung. Die Anhänger der Rassenlehre nahmen Fallmerayers These dankbar auf und bauten sie weiter aus, denn man hoffte belegen zu können, dass die hohe Zeit der antiken griechischen Kultur eben *arischen* Ursprungs gewesen sei.

So untersuchte etwa der deutsche Mediziner und Anthropologe Rudolf Virchow (1821 bis 1902) die Schädel deutscher Schulkinder und die Schädel von Hellenen, die Schliemann bei Ausgrabungen gefunden hatte. Erstere wiesen aber keine *arische Dominanz* auf, nur ein Drittel der Kinder war blond und blauäugig. Bei den hellenischen Schädeln stellte er vorsichtig fest, dass man bei ihren Abmessungen vielleicht an „Leute der arischen Rasse denken" könne, weiter wollte er aber nicht gehen. Als Naturforscher legte er sich Zurückhaltung auf. Die Archäologen sollten das letzte Wort haben. Wie sehr die Köpfe und Schädel von antiken Griechen/innen dem nordischen Ideal entsprachen, versuchte dann der NS-Rassenideologe Hans. F. K. Günther (1891 bis 1968) anhand von antiken Skulpturen in seinem Buch *Rassengeschichte des hellenischen und römischen Volkes* (München 1929) nachzuweisen.

Auch die Dichter übernahmen die rassistischen Thesen Fallmerayers. Als Beispiel sei hier Gerhard Hauptmann (1862 bis 1946) genannt. In seinem 1907 erschienen Buch *Griechischer Frühling* über seine Reise durch Hellas schwelgt der Autor von *Die Weber* und *Der Biberpelz* geradezu in rassistischen Ausschweifungen. Die Griechen, die er sieht, sind zumeist arm, „starren vor Schmutz", während die Männer arbeiten, „faulenzen die Weiber, liegen im Dreck und sonnen sich". Ein „vertierter" Bettler wird für ihn der Prototyp dieser Erbärmlichkeit: „Es ist schwer, sich etwas so Abstoßendes vorzustellen wie dieses verlauste, unflätige, barfüßige und halbnackte Gespenst." In Athen registriert er nur „Lärm, Schmutz und Staub". Überall sieht er nur Verwahrlosung und „jämmerliches verstaubtes Elend".

Die modernen Griechen sind für Hauptmann ganz offensichtlich nicht in der Lage, ihr Leben in zivilisierter Weise zu ordnen. Für ihn gelten nur die Maßstäbe, die die Antike gesetzt hat. Er will sich ganz einschließen in die homerische Welt: „Ich bin hier, um die Götter zu verehren, zu lieben und herrschen zu machen über mich. Deshalb pflücke ich Blumen, werfe sie in das Becken der Quelle, zu den Najaden und Nymphen flehend, den lieblichen Töchtern des Zeus." Er wünschte sich am Isthmus von Korinth ein Griechenland, „das würdig wäre, von starken, heiteren, freien und göttlichen Menschen bewohnt zu sein, die noch nicht sind." (Hauptmann 1942, 25, 61ff, 85)

Solche Menschen müssen etwas mit dem Norden zu tun haben, aus dem er kommt. Denn jedes Mal schlägt sein Herz höher, wenn er Griechen sieht, die seiner Wunschvorstellung entsprechen – etwa ein Schmied: „blauäugig, blond und von durchaus kernigem, deutschem Schlag, seiner Haltung und dem Ausdruck seines Geistes nach." (Ebd., 44) An einem anderen Ort begeistert ihn ein „blondes Mädchen, blauäugig und von zart weißer Haut: ein großer, vollkommen deutscher Kopf." Klassisch rein haben sich für ihn nur die Hirten in ihrer Bergeinsamkeit erhalten. Sie sind blond und ihr Gesichtsschnitt ist „unverkennbar antik". Er vergleicht sie mit Helden oder Halbgöttern.

Angesichts des für ihn unwürdigen Menschentums, das er überall in Griechenland sieht, fällt ihm in Sparta die *Menschenzüchtung* dieses Militärstaates ein: Er schreibt: „Die alten Spartaner verfolgten Jahrhunderte lang eine Züchtungsmoral. Es hat den Anschein, als wenn die Moral des Lykurg (des mythischen spartanischen Gesetzgebers) in einem größeren Umfang noch einmal aufleben wollte. Dann würde sein kühnes und vereinzeltes Experiment, mit allen seinen bisherigen Folgen, vielleicht nur der Anfang einer gewaltigen Umgestaltung des ganzen Menschengeschlechtes sein." (Ebd., 182) Man versteht nach diesen Sätzen, warum Josef Goebbels Hauptmann später zum *deutschen Nationaldichter* erhob.

Der Nationalsozialismus und die Griechen

Die Nazis konnten also in ihrem Verhältnis zu den Griechen – den antiken und den modernen – an viele Vorgänger anknüpfen. Hitler selbst hat sich als Philhellene gesehen, er hing in seinen ästhetischen Vorstellungen – in der Kunst und Architektur – dem klassischen Schönheitsideal an. Sein Bildhauer Arno Breker musste nach diesem Ideal monumentale Skulpturen schaffen und Albert Speer die entsprechenden Bauten. Für die Erziehung der Jugend verlangte er eine „Heranzüchtung kerngesunder Körper", die Ausbildung der geistigen Fähigkeiten wurde diesem Ideal untergeordnet.

Der deutsche Griechenlandwahn erreichte bei den Olympischen Spielen 1936 seinen Höhepunkt. Die Nazis wollten mit diesen Spielen das antike Ideal des schönen Körpers, der griechischen Seele und des griechischen Daseins in die Tat umsetzen. Hitler persönlich hat den Ritus der Entzündung der olympischen Fackel im Hain von Olympia eingeführt sowie ihr Tragen durch verschiedene Länder und die Entzündung der olympischen Flamme bei der Eröffnungsfeier im Stadion.

In ihrem Olympia-Film *Glaube und Schönheit* gab Leni Riefenstahl dem Griechenkult bildlichen Ausdruck. Claudia Schmölders beschreibt ihr Vorgehen sehr anschaulich: „Der

Film beginnt mit dem Bild der Akropolis, die Kamera wandert über göttliche und heldische Köpfe und landet schließlich beim Diskobolos, dem Diskuswerfer, eine der strahlendsten Figuren der hellenischen Kunst, geschaffen im fünften Jahrhundert vor Christus vom Bildhauer Myron. Riefenstahl verwandelt trickfilmartig – mephistophelisch – die Statue vor den Augen des Zuschauers in einen lebendigen Körper des Jahres 1936, in einen posierenden und agierenden Diskuswerfer, aufgetaucht am Meeresstrand – an dem eben auch die schöne Helena in *Faust II* anlandet. Dass die Aufnahmen in der Kurischen Nehrung in Ostdeutschland stattfanden, dass der Sportler im Film nicht der wirkliche olympische Sieger Ken Carpenter war, ein Mann mir bronzener Hautfarbe, sondern der weißhäutige Meister des Zehnkampfes Erwin Huber, störte niemanden." (Schmölders 2018, 148)

Der Krieg der Wehrmacht in Griechenland und auf Kreta

Im April 1941 eroberte die Wehrmacht in einem Blitzkrieg Griechenland und noch im selben Monat auch Kreta. Hitler, der sich ja als Philhellene verstand, soll den Einmarsch seiner Truppen in Hellas mit Unbehagen gesehen haben, er sei durch die Niederlage der italienischen Truppen in Albanien und Nordgriechenland aber mehr oder weniger dazu gezwungen worden. Dazu kamen strategische Gründe: der Aufbau einer starken Position im östlichen Mittelmeer gegen das dort vorherrschende Großbritannien als Absicherung für seinen Feldzug gegen die Sowjetunion. Zudem brauchte er für diesen Feldzug das rumänische Erdöl, und schließlich sollte von Griechenland aus Rommels Feldzug im nahen Nordafrika unterstützt werden.

Es gab aber auch simple ideologische Rechtfertigungen für die Eroberung Griechenlands. Zum einen nahmen die Nazis die These auf, dass die antiken Achaier (die eingewanderten Dorer) germanischer Abstammung gewesen seien, man käme also lediglich in das germanische Kernland zurück, das jetzt allerdings von rassisch minderwertigen Albanern und Slawen bewohnt werde. Man befriedigte die deutsche Griechenlandsehnsucht nun also mit Gewalt, mit militärischen Mitteln und direkter Landnahme.

Hitlers Chef-Ideologe Alfred Rosenberg gab in seinem 1930 erschienenen Buch *Der Mythus des 20. Jahrhunderts* der Ideologie, mit der man die Besitznahme Griechenlands begründete, beredten Ausdruck: „Am schönsten geträumt wurde der Traum des nordischen Menschentums in Hellas. Welle auf Welle kommt aus dem Donautal und überlagert neuschöpferisch Urbevölkerung, frühere arische und unarische Einwanderer. Bereits die altmykenische Kultur der Achäer ist überwiegend nordisch bestimmt. Spätere dorische Stämme stürmten erneut die Festen der fremdrassigen Ureinwohner, versklavten die unterjochten Rassen und brachen das Herrschertum des sagenhaften phönizisch-semitischen Königs Minos, der durch seine Piratenflotte bis dahin die später sich Griechenland nennende Erde befehligte. Als rauhe Herren und Krieger räumten die hellenischen Stämme mit der heruntergekommenen Lebensform des vorderasiatischen Händlertums auf und mit den Armen der Unterjochten (der Sklaven) erschuf ein Schöpfergeist ohnegleichen sich Sagen aus Stein.“ (Rosenberg 1930, 34)

Außerdem beriefen sich die NS-Ideologen sogar auf Goethe. Denn dieser hatte in *Faust II* zur Landeroberung aufgefordert: „Dem freien Volk auf freiem Grund/ eröffn‘ ich Räume vielen Millionen/ nicht sicher zwar doch tätig frei zu wohnen.“ Der deutsche Germanist Kurt Engelbrecht feierte in seinem 1933 erschienenen *Werk Faust im Braunhemd* eine solche Landnahme: „Höchste Beglückung findet der deutsche Faust im Ringen um den deutschen Heimatboden.“ Was wohl der Weimarer Olympier zu dieser Form der Vereinnahmung sagen würde? (Schmölders 2018, 197)

Das Ergebnis des deutschen Krieges in Griechenland ist bekannt: Nach dem Blitzkrieg wurde ein brutales Besatzungssystem errichtet, es folgte die weitgehende ökonomische

Ausplünderung des Landes, die Zerstörung der Infrastruktur, die Bekämpfung des Widerstandes mit grausamen Mitteln, hunderttausend Griechen verhungerten, Zehntausende wurden ermordet. Der von den Deutschen angerichtete Schaden ging in die Milliarden. Der kretische Schriftsteller Nikos Kazantzakis (1883 bis 1957), der einer offiziellen Regierungskommission angehörte, die die Schäden und Verluste auf Kreta untersuchte, stellte erschüttert fest, dass er nicht verstehen könne, wie sich ein Kulturvolk von der geistigen Höhe des deutschen so barbarisch hätte aufführen können. Was war aus der hehren allegorischen Hochzeit Fausts mit Helena geworden?

Wie die deutsche Graecomanie im Ausland gesehen wurde

Die deutsche Graecomanie hat früh entschiedene Kritiker gefunden, die sich vor allem auf der britischen Insel fanden. Die aus Irland stammende Germanistin Elza Marian Butler (1885 bis 1959) hatte schon 1935 ihr Buch *The Tyranny of Greece over Germany* (*Die Tyrannei Griechenlands über Deutschland*) vorgelegt. Sie übt Kritik an einer Ideengeschichte, die „nachgerade sklavisch, wenn nicht vampirisch von hellenischer Kunst, Literatur, Philosophie und Technik leben wollte."

Elsie Butler nennt vor allem einen Grund, warum das Evangelium der universellen Humanität, dem die deutschen Hellas-Verehrer und Philhellenen anhingen, von den Nazis und ihrer Ideologie vernichtet werden konnte: die grundsätzliche Abkehr von der Realität. Die Deutschen seien in ihrer Liebe und Begeisterung für Hellas bodenlos geworden und geblieben, hätten, wie Heinrich Heine es in *Deutschland – ein Wintermärchen* formuliert hatte, von der Wirklichkeit abgehoben. Dort heißt es: „Franzosen und Russen gehört das Land,/das Meer gehört den Briten,/ wir aber besitzen im Luftreich des Traums/ die Herrschaft unbestritten."

Warum fragt Butler, mussten sich die Deutschen diesem

Bildungsregime derart unterwerfen, hatten sie keine eigenen Ideen? Butler sah Deutschland von Hellas gleichsam überfallen wie Laookon von der Schlange, diesem befremdlichen Idol der philhellenischen Ästhetik seit Winckelmann. Sie sieht bei den Deutschen einen Hang zur blutleeren Abstraktionen und gewaltigen Spekulationen, ohne Rücksicht auf Raum und Zeit, Leben und Sozialität, nur um völlig egoistisch ein als *Innerlichkeit* ausgegebenes intellektuelles Projekt zu verfolgen und so einen Mangel an kreativer Vitalität und vor allem Realitätssinn zu überdecken.

Was könnte von den deutschen Dichtern und Denkern bleiben, fragt sie, nähme man die Griechen und das ganze Hellas-Thema aus ihrer Geistesgeschichte? Der Charme und die Tiefe, die sie aus dieser Quelle bezogen hätten, seien doch nur geliehen und nicht originär gewesen. Butler findet die deutschen Hellas-Visionen blutleer, sie seien aus Marmor, aus künstlicher Begeisterung entstanden. Ihr Fazit lautet: Die deutschen Dichter und Denker hätten sich einer *imaginären Heimat* verschrieben – moralisch, geistig und ästhetisch. Sie hätten Hemmungen gehabt, sich wirklich in das Meer der Leidenschaften zu stürzen und darauf zu navigieren wie seit Jahrhunderten die pragmatischen Engländer und die alten Griechen vor Jahrtausenden.

Die deutsch-griechische Tragödie ist noch nicht zu Ende

Die Kritik von Elsie Butler ist sicher berechtigt. Die politischen Folgen der deutschen Realitätsverkennung gegenüber den Griechen, die sich immer mit Arroganz und Hochmut verbanden, waren tragisch (Claudia Schmölders nennt sie eine *Kulturtragödie*) und wirken weiter. Deutschland weigert sich bis heute, (trotz aller Sonntagsreden der Politiker/innen von historischer Verantwortung) für die barbarischen Gräuel und Zerstörungen von Hitlers Armee aufzukommen und eine Entschädigung zu zahlen.

Als Griechenland 2010 – sicher nicht ganz schuldlos – in eine tiefe Finanzkrise gerutscht war, zeigte das reiche Deutschland keinerlei historische Verantwortung und bot den Griechen keine Hilfe an. Merkel, Schäuble und die EU stürzten das Land mit ihrer neoliberalen Gläubigerpolitik ins soziale Elend und in den Ausverkauf seines Besitzes. Begleitet wurde diese Tragödie von einer an Niedertracht nicht zu übertreffenden Medienkampagne gegen die Griechen (die BILD-Zeitung immer vorneweg): ein „halb-orientalisches Balkan-Volk", „faule Nichtstuer", „Chaoten", „Pleitevolk" „Trickser" und „Lügner", mit einem Wort: „Niedergang seit 2000 Jahren" (Focus) – rassistische Diffamierungen, Beleidigungen und Stereotypen, wie man sie von Gerhard Hauptmann und den Nazis her kennt, als hätten die Deutschen nichts dazu gelernt.

Geradezu symbolisch für die deutsche Arroganz war in dem ARTE-Film *Deutsche und Griechen* die Aussage des damaligen griechischen Finanzministers Jannis Varoufakis, dass sein deutscher Amtskollege Schäuble ihm bei den Verhandlungen über die Beilegung der Finanzkrise bei der Begrüßung sogar den Handschlag verweigert habe. Alles Belege dafür, dass Goethes hehre Hochzeit zwischen Faust und Helena auf der Burg von Mistra keinerlei Folgen für die Politik hatte.

Claudia Schmölders hat ein wichtiges Buch zum Verständnis des deutsch-griechischen Verhältnisses geschrieben. Kritisch sei angemerkt, dass sie der von ihr sehr verehrten „Elsie" Butler sehr viel Raum eingeräumt hat. Bisweilen scheint es, als sei es ein Buch über diese britische Germanistin. Zudem muss man fragen: Warum sie die Kritik an der deutschen Graecomanie nur oder überwiegend aus dieser britischen Quelle schöpft, eine deutsche Selbstkritik wäre noch überzeugender gewesen.

Sehr schonend geht die Autorin mit einigen kulturellen und literarischen Größen um – etwa Wilhelm von Humboldt, Gerhard Hauptmann und Erhard Kästner, deren tiefe rassistische Verachtung für die modernen Griechen sie in Zitaten gar nicht anführt (sie sind von mir nachgereicht). Hätte sie diese Zitate gebracht, wären die deutsch-griechischen Gegensätze noch schärfer zutage getreten, was dem Buch gut getan hätte. Wie man überhaupt merkt, dass eine Germanistin und Kulturwissenschaftlerin die Verfasserin ist, denn die politische Analyse der tragischen Folgen der düsteren Allegorie der Hochzeit von Faust und Helena gelingt ihr nicht immer. Aber die Erkenntnis, dass je mehr aus Hellas Griechenland hervorging, desto grausamer sei die Nähe zwischen Griechen und Deutschen geworden, nimmt man aus diesem Buch mit, und das macht es sehr wertvoll.

O Chania – Du wunderbare!

Oh, Chania, Du wunderbare, Du viel besungene und gepriesene! Ruhm und Glanz, Macht und Reichtum, Schönheit und Elend, Aufstieg und Niedergang hast Du erlebt. Völker und Kulturen sind über Dich hinweggegangen und haben in Dir ihre tiefen Spuren hinterlassen. Viele Namen hast Du gehabt, viele Besitzer Deiner Mauern, viele Götzen und Religionen in Deinen Gotteshäusern. Dein Anfang stieg aus mythischem Dunkel herauf: Kydon, ein Sohn des König Minos aus Knossos soll Dich als Stadt gegründet haben, weshalb Du auch lange Zeit Kydonia hießest.

Nach einer anderen Version des Mythos soll Minos selbst Dich ins Leben gerufen haben. Die Minoer waren auch Deine ersten Herren, bauten wohl ihre Siedlung auf älteren, steinzeitlichen Fundamenten. So berühmt warst Du damals, dass Du sogar im Totentempel des Pharao Amenophis (1408 bis 1372 v. Chr.) in Theben als *Ku-tu-na-ja* Erwähnung fandest. Homer, der Sänger des Trojanischen Krieges und der Irrfahrten des Odysseus, kannte Dich schon und wusste von Dir zu berichten: „Kreta ist ein Land mitten in dem weinfarbenen Meer, ein schönes und reichhaltiges, rings umflossen. Darauf sind Menschen viele, unendliche, und neunzig Städte, und die Sprache, der einen diese, der anderen jene, gemischt. Und darauf sind Achaier und darauf die großherzigen Urkreter, und darauf Kydonen und die dreistämmigen Dorier und die göttlichen Pelasger." (Homer 19, 173-177)

Herrlich und erhaben sollst Du in klassischer Zeit mit Deinen marmornen Tempeln und Säulenhallen gewesen sein. Du warst so berühmt, dass Dein Name Kydonia in dieser Zeit die Benennung von ganz Kreta wurde. Bewohner von Samos haben Dich dann um 524 v. Chr. wieder gegründet. Aber sie mussten den Aigeneten weichen, feindlichen Seefahrern aus Ägina, die die Samier hier in Kydonia versklavten. Als die große Zeit der Antike dann dem Ansturm der fremden

Hafen von Chania mit ehemaliger Moschee

Völker erlag, kamen die Plünderer und schändeten aus bloßer Habgier die Zeugen Deiner wunderbar weiß gebauten Stadt. Steinbruch wurdest Du nun für Jahrhunderte. Araber, Byzantiner kamen, dann Venezianer, Genuesen, Türken und Griechen – sie nahmen Dich alle in Besitz.

Und alle haben sie gebaut auf Deinem mit Geschichte gesättigten Boden: die Byzantiner eine große Stadtmauer, die Venezianer Palazzi sowie einen neuen Hafen mit großen Arsenalen und eine noch stärkere Mauer. Ein glanzvoller Ableger Venedigs warst Du im 16. und 17. Jahrhundert. Reisende aus dieser Zeit schildern Dich als herrliche italienische Stadt – überall winklige Gassen, bezaubernde Hinterhöfe, da eine Loggia, dort ein Campanile. Glanz- und prachtvoll soll Dein gesellschaftliches Leben in dieser Epoche gewesen sein, ganz nach dem Vorbild der Serenissima an den Lagunen der Adria.

Dann kamen wieder fremde Eroberer. 1645 stürmten die Türken nach zweimonatiger Belagerung Deine Mauern. Von hier aus brachen sie zur Eroberung ganz Kretas auf und beherrschten die Insel bald mit grausamer Unterdrückung. Sie gaben Dir wieder ein neues Gesicht: Denn überall entstanden nun Häuser in der für sie typischen Bauweise mit den vorragenden Holzerkern und Moscheen. Die Männer trugen jetzt Turbane, Feze, bunte Westen, Pluderhosen und lange Säbel. Die Frauen zeigten sich verhüllt auf den Straßen. Ein Pascha residierte hier, gleich am Hafen neben seiner Residenz war sein großer Harem. Überall in der Stad gab es Bazare und türkische Bäder. Du warst orientalisch geworden.

Der Reisende Franz Wilhelm Sieber sah Dich 1817 und beschrieb Deine Schönheit: „Die Schneelinie der Weißen Berge reichte tief herab, umsäumte die Terrassen der Häuser, und Moscheen ragten, im weißen Felde sich spiegelnd darüber empor; der Schwall des Wassers schob unsere Barke bei erstorbenem Winde in die Mündung des Hafens, und ein Kranz von Häusern mit Balkonen, Erkern, Terrassen und Kioske umgab uns (...) Rechts vom Kastell bis zum Schloss des Gouverneurs oder Paschas stand im Umkreis des Hafens eine fortlaufende Reihe der besten Häuser, von drei, auch vier Stockwerken hoch, mit einem breiten Trottoir rings herum der Promenade von Canea, auf welcher sich alles in voller Beschäftigung tummelte (...) Canea hat im Vergleich bloß den vierten bis fünften Teil der Größe der Stadt Candia (das heutige Heraklion), doch die Straßen, welche keine Buden haben, sind schöner, breiter und mit Häusern von zwei bis drei Stockwerken geziert, welche mit der Fassade in die Gassen treten." (Sieber 2011, 31f.)

Die deutsche Reisende Marie Espérance von Schwartz, die etwas später als Sieber nach Chania kam, sich dort – fasziniert von der Stadt – niederließ und ihren Namen in Elpis Melena gräzisierte, gibt auch eine anschauliche Schilderung von der türkischen Regierungsresidenz um 1865. Sie entdeckte eine von orientalisch-exotischem Leben nur so brodelnde Stadt. Ein „europäisch-afrikanisch-asiatisches Menschengewühl" wälzte sich ununterbrochen über die Plätze und durch die Gassen. Beim Anblick von „halbnackten Arabern und Negern", den vielen herrenlos herumstreunenden Hunden und den schwer beladenen, geschundenen Lasttieren, denen der „Stempel des Leidens und der Verwahrlosung aufgedrückt" war, empfand sie zum ersten Mal Zweifel, ob dieses „halbbarbarische Ultima Thule" wirklich der Ort für einen längeren Aufenthalt sein würde.

Aber die Faszination des Gesehenen war groß. Sehr anschaulich beschreibt sie das Treiben am Hafen: „Die Promenade von Canea ist stets von flanierenden Faulenzern und sich tummelnden Geschäftsleuten belebt; malerisch gruppiert sitzen sie vor den Kaffeehäusern mit Rauchen des Tschibuks, des Nargileh oder des Cigarrito, mit Domino-, Triktak- oder Kartenspiel, zuweilen mit Zeitungslektüre beschäftigt, meistens aber in orientalischem *dolce non far niente* Kaffee oder Scherbet schlürfend, Türken und Christen, Kaufleute und Tagelöhner aus Smyrna, Alexandria, Konstantinopel, Triest und Bengasi, arabische, griechische und maltesische Matrosen, Offiziere, Juden und Kawassen, die durch den Kontrast ihrer Tracht, Gesichtszüge und Farbe dem neu angekommenen Europäer eine bunte Reihe interessanter Bilder bieten, während das graziöse Aus- und Einlaufen verschiedener, mit den drei benachbarten Weltteilen Handel treibender Fahrzeuge seine Aufmerksamkeit nicht minder fesselt." (Melena 1892, 30)

Auch die neuen türkischen Herren mussten Deiner Schönheit und Bedeutung Tribut zollen und machten Dich 1850 zur Inselhauptstadt. Es musste aber noch einmal fast ein halbes Jahrhundert vergehen, bis Du endlich frei wurdest. Griechenland hatte das türkische Joch schon 1829 abgeschüttelt. Kretische Freiheitskämpfer setzten auf der Insel den orientalischen Besatzern unerbittlich zu. Sie wollten den Anschluss an Griechenland. Die Weißen Berge hinter Deinen Mauern waren ein Zentrum des Widerstandes. 1897 intervenierten die europäischen Großmächte und schickten einen Flottenverband in die Souda-Bucht unweit Deiner Mauern. Die Türken verließen geschlagen die Insel. Nach einer kurzen Protektoratszeit unter dem Prinzen Georg von Griechenland schaffte der aus dem Dorf Mournies ganz in Deiner Nähe stammende griechische Premier Elefthcrios Venizelos 1913 die Vereinigung mit dem Mutterland. Und Du, Chania, hast in diesem Befreiungskampf in vorderster Reihe gestanden. Venizelos liegt vor Deinen Mauern an feierlicher Stätte begraben.

Im Mai 1941 kamen wieder fremde Eroberer. Die Region um Dich herum war das Hauptkampfgebiet beim Angriff der deutschen Fallschirmjäger auf die Insel. Die Kreter wehrten sich wieder heldenhaft gegen die Soldaten Hitlers. Mit der Einnahme des strategisch wichtigen Flughafens von Maleme begann die deutsche Besatzung Kretas. Aber die barbarischen Okkupanten fügten Deinem multikulturellen Stadtbild keine neuen baulichen Kleinode hinzu, sondern schickten ihre Stuka-Bomber, die furchtbare Verwüstungen innerhalb Deiner Stadtmauern anrichteten. Dann besetzten die deutschen Fallschirm- und Gebirgsjäger nach Gefechten mit der Nachhut die zerstörte und brennende Stadt Chania. Ich schäme mich dafür, was Dir im deutschen Namen geschah.

Es war noch nicht alles, was sie Dir antaten. Die Deutschen trieben die 700 Juden, die in Deinen Mauern lebten, zusammen und wollten sie mit einem Dampfer nach Piräus verschiffen, um sie von dort mit Viehwaggons nach Auschwitz zu bringen. Ein Torpedo – ob er deutscher oder britischer Herkunft war, ist nie geklärt worden – versenkte den alten Kahn mitsamt seiner Menschenfracht auf den Grund der Ägäis. Die deutschen Besatzer bauten dann noch ein Gebäude ganz in Deiner Nähe: das Straflager Agyia, das so berüchtigt war, dass älteren Kretern noch heute bei Erwähnung des Namens kalte Schauer des Entsetzens über den Rücken rieseln. Aber auch diese Eroberer mussten wie alle anderen geschlagen abziehen. Du hast alle Eroberer glücklich überlebt.

Ein paar Jahre muss es ruhig und friedlich in Deinen Straßen und Gassen, auf Deinen Plätzen und der Hafenpromenade gewesen sein, Chania. Vermutlich ging es in dieser Zeit einmal sehr griechisch zu, einfach nur griechisch. Dann aber zu Beginn der siebziger Jahre begann der große Ansturm, der moderne Tourismus. Erst Tausende, dann Hunderttausende und jetzt Millionen Touristen kommen jedes Jahr. Das hatte unabsehbare Folgen für Dich, Chania, und die ganze Insel. Viele Küstenabschnitte wurden zugepflastert mit kleinen und großen Menschencontainern aus Beton, um uns aufzunehmen, die wir Sonne und ursprüngliches Kreta erleben wollen. Von der lieblichen Landschaft um Dich herum, mein Chania, die der Reisende Sieber 1807 noch *reizend* nannte, ist viel zerstört worden.

All die Fremden wollten Dich natürlich sehen, weil sie über Deine Schönheit in all den Hochglanz-Reiseführern so viel Rühmendes gelesen hatten. Du nahmst das Angebot der Millionen an, wer kann es Dir verdenken? Du stelltest Dich und Deine Mauern, Deine Gassen und Plätze, Deine Promenade zur Verfügung. Vor allem Deine Häuser – die alten, die überlebt hatten aus venezianischer und türkischer Zeit. Vielleicht waren sie vorher hinfällig und verrottet gewesen. Nun aber zog neuer Glanz ein, wenigstens in das Parterre zu ebener Erde.

Deine alten Gemäuer und Erker, Treppen und Terrassen geben eine wunderbare Kulisse für die große Dauer-Party ab, die hier nun begann. Geschmeide und edle Teile aus Gold und Silber, die jüngsten Pariser und Mailänder Mode-Kreationen aus Stoff und Leder – Nepp, Tand und wirklich Schönes auf Schritt und Tritt. Und dazwischen ein kulinarischer Tempel neben dem anderen.

Über den Erdgeschossen mit ihren pompösen Edelshops und Tavernen, Ouzerien und Discos verfallenes Mauerwerk, unbewohnt und heruntergekommen. Gähnend leere Fensterhöhlen, gespenstisch ins Freie hinausragende Läden, dahinter tote Stockwerke. Kleine Bäume und Büsche haben in den zerbröckelnden, morschen Fugen zwischen den Steinen Wurzeln geschlagen. Zum Teil ist Deine Altstadt eine groteske Fassaden- und Kulissenwelt.

Denn der moderne Tourismus in Deinen Mauern hat natürlich seinen Preis. In den gut 100 Jahren, in denen es den *homo touristicus* gibt hat die Industrie, die für ihn arbeitet, Länder und Landstriche samt ihren Kulturen schwer beschädigt und viel verbrannte Erde hinterlassen.

Aber manchmal stiftet er paradoxerweise auch Segen. Mit seinem Geld wird vieles gerettet, was sonst der endgültigen

Zerstörung preisgegeben wäre. Das betrifft auch Dich, mein Chania. Vieles gibt es in Deinen Mauern zu tun, um Deine einmalige Schönheit vor dem Verfall zu retten. Deshalb versäume es nicht, von Deinem touristischen Profit erhebliche Geldmittel zu reinvestieren, um Deine alte Schönheit und Deinen Charme wieder herzustellen. Das ist jedes Mal mein Wunsch, wenn ich Dich verlasse.

Der Abschied von Dir fällt mir ungeachtet meiner Kritik an Dir immer schwer. Am letzten Abend stehe ich oben im Dachgarten meines Hotels, das mitten im Gewirr der Altstadtgässchen liegt. Es ist die transparente oder unwirkliche Stunde. Alles, was ich nah oder fern sehe, liegt in völliger Klarheit und Durchsichtigkeit da – von einem feinen lilanen Hauch überzogen: Deine Dächer, der Hafen, die Bucht von Souda und die Silhouette der wuchtig und schwer sich ausbreitenden Weißen Berge. Sie sind weiß, wirklich schneeweiß und heben sich kontrastreich von den braunen Vorbergen ab, die offenbar nur deshalb so unbedeutend braun sind, damit die Weißen Berge sich dahinter und darüber in voller Pracht entfalten können.

Als der glimmende Feuerball der Sonne im nahen Meer eintaucht, und alles, was ich vor mir sehe und bis eben noch diese zarten, kaum wahrnehmbaren Schatten trug, nun in einem milden warmen Rot aufglüht – sogar der alte Mann, der im gegenüberliegenden Dachgarten seine Blumen gießt – , da blicke ich etwas nachsichtiger und milder auf Dich, mein Chania, auf das Treiben in Deinen Gassen und auf Deinen Plätzen und kann sogar ein bisschen Bewunderung für Deine morbide Schönheit empfinden. Welch buntes, protziges, bewegendes, tragisches, brutales, heiteres und oft sicher auch komisches Auf und Ab von Leben und Tod hat sich in Jahrhunderten, ja in Jahrtausenden hier ereignet, wo jetzt die grell aufgemachte und aufgeputzte Altstadt mit all ihren Verlockungen steht! Wird der ganze geldgierige Tanz dort unten auch nur eine kleine Episode in Deiner langen Geschichte sein?

Das Wiener Café *Hawelka*, der Hippie-Treff Matala, Georg Danzer und a bisserl Nostalgie im Oktober anno 2022

Wien, März 1967. Im Café *Hawelka* in der Wiener Dorotheengasse 6 traf der junge Georg Danzer (er ist Jahrgang 1946, war also 21 Jahre alt) einen Typen namens Shlomo. Georg hat später über ihn geschrieben: „Ich weiß nicht, ob Shlomo sein richtiger Name war, oder ob er ihn sich nur zugelegt hatte, um als Jude zu gelten. Vielleicht war er Jude, ich habe ihn nie danach gefragt. Jedenfalls sah er sehr biblisch aus, hatte langes wallendes Haupthaar und einen undurchdringlichen Bart. Er hielt sich für einen Lebenskünstler und wollte mit der bourgeoisen Gesellschaft nichts zu tun haben. Dieser Shlomo hatte eines Tages die Idee, man müsste zu Ostern nach Kreta fahren, *stoppen* natürlich, oder wie ein Hobo mit dem Güterzug bis Athen und dann rauf auf die Fähre."

Und weiter schrieb Georg: „Wir sprachen jeden Nachmittag darüber, bis die Sache auch bei mir zur fixen Idee wurde. Vor allem die Vorstellung, dass ich mir auf dem Flohmarkt in Athen, wo angeblich Restbestände des amerikanischen Militärs verramscht wurden, einen solchen Armeeparka, wie ich ihn mir schon die längste Zeit wünschte, würde kaufen können, beflügelte meine Gedanken. Meine Eltern brauchte ich gar nicht zu fragen, das war klar."

Georg gibt auch eine treffende Beschreibung der Atmosphäre damals im *Hawelka*, die er direkt in Zusammenhang mit Kreta bringt: „Es roch nach nassen Schuhen und feuchten Mänteln und nach Wuchteln und Cognac und Kaffee und nach allen möglichen Tabaksorten, Zigaretten, Zigarren, Pfeifen, die Zeitungen raschelten, Rufe ertönten, die Leute flüsterten oder schrien vor Lachen, es war ein Getümmel und Getöse, ein Brummen und Husten, und wir saßen da und überlegten, ob wir nach Kreta fahren sollten."

Bonn, März 1967. Ich traf mich zu dieser Zeit oft abends mit meinem Freund Horche in der Kneipe *Zum Fass* in der Breiten Straße. Horche stammte aus Bolivien und wollte eigentlich in Bonn studieren, aber er bekam jeden Monat einen so ordentlichen Scheck von zu Hause, dass er es vorzog, das Leben eines Edel-Bohemien zu führen. Wir hatten von Matala und der gelebten Utopie eines freien Lebens in dem kleinen kretischen Fischerdorf in den Zeitungen und Magazinen gelesen. Hippies, Abenteurer, Traveller und andere bunte Paradiesvögel lebten dort in Höhlen, die Menschen in grauer Vorzeit in den weichen Felsen geschlagen hatten. Ursprünglich waren es wohl Grabhöhlen gewesen.

Horche und ich waren fasziniert von der Idee dieser freien Gesellschaft und beschlossen, unsere Rucksäcke zu packen und uns per Autostopp nach Griechenland und dann per Schiff nach Kreta aufzumachen. Ich will hier nicht von dieser abenteuerlichen Trampfahrt erzählen, ich habe das an anderer Stelle getan. Deshalb nur so viel: Wir kamen wohlbehalten in Athen an. Horche lernte in der Plaka eine amerikanische Hippie-Frau kennen, die in einer Flower-Power-Kommune lebte. Er verliebte sich in sie und schloss sich der bunten Blumenkinder-Truppe an. Ich habe ihn erst Monate später in Bonn wiedergetroffen. Er hatte viel zu erzählen.

Dafür tauchte mein Studienfreund Peter unvermutet in Athen auf, ein origineller und witziger Typ, der ständig irgendwelche Kalauer auf der Zunge hatte und wunderbar Gitarre spielen und dazu singen konnte. Aber sein Humor täuschte darüber hinweg, dass er furchtbar unter der überaus strengen katholischen Erziehung in seinem Elternhaus litt und einen Weg suchte, sich von diesem Ballast zu befreien. Da war Matala genau das Richtige.

Wir nahmen in Piräus abends das Schiff nach Kreta, kamen frühmorgens in Chania an und trampten weiter in Richtung Matala. Wir erreichten den Ort am späten Abend. Er lag in tiefer Dunkelheit, denn Strom und damit auch öffentliche

Laternen gab es damals dort noch nicht. In einer Taverne am Dorfrand fragten wir, wo wir ein Quartier finden könnten. „Geht zum Strand. Da ist eine Party – die helfen euch weiter", sagte der Wirt.

Und wirklich: Am Strand fand um ein großes Feuer herum eine wilde Party statt. Es wurde getanzt, gesungen, getrunken, gekifft, und immer wieder stürzten sich Paare oder Einzelne mit dionysischem Geschrei in die Meereswellen. Wir wurden freudig begrüßt, wurden umgehend mit Wein versorgt und man bot uns auch das Hasch-Pfeifchen an, das im Kreis um das Feuer die Runde machte. Es war eine wunderbare Stimmung, wir fühlten uns umgehend in die Gemeinschaft aufgenommen.

Als das Feuer niedergebrannt war und auch die bacchantisch feiernden Hippies Müdigkeit verspürten und sich in ihre Höhlen zurückzogen, boten uns zwei kanadische Freaks an, uns eine leere Höhle zu zeigen. Wir stolperten die steile Felswand hinter ihnen hinauf – ein halsbrecherisches Unternehmen, da wir keine Taschenlampe dabei hatten. Aber wohlbehalten erreichten wir unsere Höhle. Sie war sehr niedrig, ich konnte kaum darin stehen. Sie hatte auf der rechten Seite vom Eingang einen in den Fels gehauenen großen Sarkophag, in dem es sich Peter bequem machte. Ich breitete mein Lager auf dem Höhlenboden aus.

Georg und Shlomo

Die Nacht (und die folgenden Nächte) waren furchtbar kalt und es war hart auf dem felsigen Boden, denn ich hatte keinen Schlafsack dabei, deckte mich nur mit meinem Parka zu. Am nächsten Morgen schickte eine strahlende Sonne ihr Licht direkt in unsere Klause. Und plötzlich erschienen die Köpfe von zwei Gestalten im Höhleneingang und wünschten uns lachend einen guten Morgen. Es waren unsere Höhlennachbarn, die neugierig nachschauen wollten, wer da in der Nacht angekommen war. Sie verrieten uns nicht gleich ihre Namen, sondern erst als wir gemeinsam zum Frühstück ins Dorf

Georg Danzer (re.)mit seinem Freund Shlomo vor den Höhlen von Matala

gingen: Es waren Georg und Shlomo. Georg hat sicher damals auch seinen Nachnamen hinzugefügt, aber der sagte mir natürlich nichts, denn er war damals noch völlig unbekannt, seine Karriere machte er erst einige Jahre später.

Die beiden waren wunderbare Kumpels, so wie man sie auf Reisen trifft und später oft leider wieder aus den Augen verliert. Wir genossen zusammen das freie Leben in Matala, verbrachten die Tage am Strand, saßen abends oft im *Mermaid*-Café, das der zentrale Treff der Hippie-Gemeinde war. (Joni Mitchell hat es später mit ihrem Lied *Carey* weltberühmt gemacht.) Oder wir saßen abends am Feuer, aßen Fischsuppe, tranken Kretas erdigen Wein und zogen an dem herumgereichten Haschpfeifchen. Und es wurde gesungen, wobei Peter oft zur Gitarre spielte und den Vorsänger machte. Die beliebtesten Songs waren *The times they are a-changing* und *Where have all the flowers gone* – es war ja die Zeit des Vietnam-Krieges und zugleich einer erhofften politischen Wende. Georg ließ sich von Peter manchmal die Gitarre geben und stimmte auch einige Songs an.

Phaistos, Alexandros und Henry Miller

Ich weiß heute nicht mehr genau, wie viele Tage Peter und ich zusammen mit Georg und Shlomo in Matala verbrachten. Georg erzählte immer wieder vom Café *Hawelka* und dass er schreiben und singen wollte. Irgendwann beschlossen wir gemeinsam, die Hippie-Idylle zu verlassen. Bevor wir in Heraklion das Schiff nach Piräus nahmen, wollten wir aber noch Phaistos sehen, den minoischen Palast wenige Kilometer von hier, den ich aus Henry Millers überaus pathetischer Beschreibung in seinem Griechenland-Buch *Der Koloss von Maroussi* kannte. Phaistos war für Miller, als er 1939 kurz vor Kriegsausbruch dorthin kam, der absolute Höhepunkt seiner Griechenlandreise gewesen. Sein ganzes Leben, alle Demütigungen, alle Niederlagen und Erfolge, alles Banale und Große gipfelten für ihn „in diesem gesegneten Moment", als er Phaistos betrat, das für ihn ein durch und durch weiblicher Ort war, die „Residenz der mythischen Königinnen". (Miller 1967,124)

In Phaistos hatte dieser geistige Vater der Blumenkinder eine der bedeutsamsten Begegnungen seines Lebens – mit dem Fremdenführer Alexandros, für Miller die Verkörperung des Griechen schlechthin. Alexandros empfing ihn – wohl, weil damals so kurz vor Kriegsbeginn kaum noch Touristen kamen und die Trinkgelder ausblieben – mit überschwänglicher Herzlichkeit. Er küsste seine Hand, pflückte Blumen für ihn und kniete nieder, um seine Schuhe zu putzen, was Miller nicht im Geringsten verlegen machte, weil diese Demut für ihn Größe war. Dann führte Alexandros ihn durch die Ruinen des Palastes.

Und als Miller auf dem großen Platz stand, auf dem die Minoer vermutlich ihre heiligen und geheimnisvollen Feste mit dem akrobatischen Stierspringen gefeiert hatten und von dem aus man das grandiose Panorama vom schneebedeckten Ida im Nordwesten bis zu der unendlich sich ausbreitenden Messara im Südosten überschauen kann, da schrieb er fromm und voller Bescheidenheit den Satz: „Mein Gott, es ist unglaublich! Ich wandte die Augen ab, es war zu viel, um alles in mich aufzunehmen!" (Ebd., 125)

Alexandros brachte einen Tisch aus dem Wärterhaus und deckte ihn für Miller, der aber darauf bestand, dass er das Mahl mit ihm teilen müsse. So saßen dann die beiden so verschiedenen Männer – der amerikanische Schriftsteller aus New York, dessen Ruhm gerade begann, und der einfache Fremdenführer, dessen Ahnen vermutlich seit Jahrhunderten kretische Bauern gewesen waren – an diesem mythischen Ort, während aus der Ferne das Grollen der großen Kriegskatastrophe näher kam, und aßen das, was man in Griechenland immer isst: Brot, Käse und Oliven und tranken einen dunklen, schweren Rotwein. Der Mystiker Miller notierte in diesem Augenblick: „Gott hat alles im Voraus bedacht. Wir brauchen keine Probleme zu lösen, es ist alles für uns gelöst worden. Wir müssen nur zerschmelzen, uns auflösen, um in der Lösung zu baden. Wir sind vergehende Fische, und die Welt ist ein Aquarium." (Ebd., 126) Noch einmal pflückte Alexandros Blumen für Miller, der später gestand, wenn er in diesem Augenblick Phaistos nicht verlassen hätte, dann wäre er für immer geblieben. Aber er musste gehen, denn es gebe Erlebnisse, die zu verlängern die niederste Form der Undankbarkeit sei.

Aufbruch nach Phaistos

An einem strahlendschönen Morgen im April brachen wir – Georg, Shlomo, Peter und ich – in Matala auf. Uns allen ging langsam das Geld aus. In dem Dorf Pitsidia bogen wir auf einen Feldweg ab und marschierten durch Olivenhaine mit wundervoll geformten alten knorrigen Stämmen. Die Zikaden hämmerten millionenfach ihr immerwährendes Konzert. Überall auf den Feldern arbeiteten Menschen, die uns freundlich zuwinkten und *Jassas* oder *Kalimera* riefen – was soviel wie guten Tag bedeutet. (Ich habe diese und die folgenden Passagen größtenteils meinem Buch *Reise nach Matala* entnommen. So etwas kann man nicht zweimal schreiben!)

Als wir das Palastgelände betraten, sahen wir als erstes einen kleinen, in einen dunklen Anzug gekleideten älteren Herrn mit schneeweißen Haaren. Er wirkte überaus korrekt und trug trotz des warmen Frühlingswetters über dem rechtwinklig angehobenen Arm einen schwarzen Regenschirm gehängt. Er führte eine einzelne Amerikanerin durch die Ruinen und erklärte ihr in vorzüglichem Englisch jede Einzelheit. Wir gesellten uns zu den beiden. Er begrüßte uns mit einer höflichen, altmodischen Verbeugung und stellte sich vor: *Alexandros.* Wir hatten längst geahnt, dass er es war.

Wir schlossen uns dem Rundgang der beiden an. Abwechselnd gab er seine Erläuterungen zur Geschichte des Palastes in Englisch und Deutsch: Seine Entstehung um das Jahr 1900 v. Chr., seine Zerstörungen durch Naturkatastrophen und der immer wieder darauf erfolgte Neuaufbau. Alexandros zeigte uns die Wohn-, Repräsentations-, Kult- und Wirtschaftsräume, die Werkstätten, das Theater und die große Treppe. Immer sprach er von sich in der dritten Person und vermittelte stets das Gefühl, dass er gerade uns in diesem Moment etwas ganz Besonderes und Einzigartiges zeigen wollte.

Als wir den Rundgang beendet hatten, setzten wir uns auf einer alten umgestürzten Säule nieder. Schlomo zog sein Exemplar des *Koloss von Maroussi* hervor und reichte es Alexandros. „Ah, Henry Miller", sagte er und schlug sofort zielsicher die Seiten auf, die ihn berühmt gemacht hatten. Vermutlich war er schon von sehr vielen Reisenden vor uns darum gebeten worden. Und dann erzählte er uns die ganze Geschichte dieser kurzen Begegnung von wenigen Stunden noch einmal. Und er berichtete, wie dankbar er Miller noch heute sei, denn in den schweren Jahren des Krieges, als keine Touristen nach Phaistos kamen, habe er ihm und seiner Familie aus Amerika ständig Pakete mit dem Lebensnotwendigen geschickt. Und die Briefe, die Miller ihm geschrieben habe, hüte er wie einen großen Schatz. Nach Phaistos kam der Amerikaner aber nie zurück. Alexandros schrieb Shlomo mit seiner exakten Schrift eine Widmung in das Buch.

Als wir mit ihm auf den Säulen saßen, hatte sich in der

Messara ein dunkler Himmel zusammengebraut. Einzelne Sonnenstrahlen, die noch den Weg zur Erde fanden, färbten die Wolken mit einem giftigen Lilaviolett, das im scharfen Kontrast zum glänzend-saftigen Grünsilber der Olivenbäume stand. Bald fielen die ersten Tropfen auf uns hinab, Donner begann zu grollen. Die Stimmung wurde unheilschwanger und bedrohlich. Es war Zeit, Phaistos zu verlassen. Alexandros bedankte sich für unser bescheidenes Trinkgeld, verabschiedete sich von uns und der Amerikanerin, die ihm sicher mehr gegeben hatte, und verschwand würdevoll mit dem Regenschirm über dem Arm in dem Wärterhaus.

Wir stiegen auf einem kleinen Pfad den steilen Hügel hinunter zur Straße, die von Timbaki nach Mires führt. Als wir sie erreichten, waren wir bis auf die Haut durchnässt. Der warme Regen lief wie eine Dusche über uns, der Donner grollte noch immer, jetzt sogar noch heftiger. Peter breitete die Arme aus und deklamierte das alte tibetische Mantra *Om mani padme hum* und lieferte auch gleich die angebliche Übersetzung mit: *Gepriesen sei der Donnerschlag in der finsteren Leere!*

Homerisches Gelächter auf einem Lkw, der Sand geladen hatte

Ein Lastwagen, der Sand geladen hatte, hielt an. Der Fahrer winkte nur mit der Hand – und schon kletterten wir erst auf das Auto und dann auf den Sandberg auf der Ladefläche. Wie Indianer um das Feuer saßen wir dort oben im Kreis, hielten uns an dem Gestänge fest und berauschten uns an dem Blick über das weite Land, den unsere herausgehobene Position bot. Peter stopfte seine Pfeife – halb mit Tabak, halb mit Haschisch. Er zündete sie an, zog daran und ließ sie herumgehen. Nie in meinem Leben hatte ich zuvor Rauschmittel genommen, auch später habe ich nie wieder welche angerührt. Aber in Matala und an diesem außergewöhnlichen Tag sog auch ich den Rauch des brennenden grünen Stoffes tief in meine Lungen. Ich weiß nicht, ob die Droge solche Wirkung hatte, oder ob es die Einmaligkeit der Situation war: Nach wenigen Zügen hatte ich einen solch euphorischen Glückszustand erreicht, wie ich ihn noch nie erlebt hatte. Alles war wunderbar, so phantastisch, dass ich es fast nicht ertragen konnte. Die anderen erlebten es offenbar genauso, der Einklang zwischen uns war total.

Der Lastwagen quälte sich mit schwer stöhnendem Motor die Serpentinen der Berge hinter Gortyn empor, der Fahrer drehte sich ab und zu um und lachte uns durch das kleine Rückfenster zu. Links lag immer noch das gewaltige Ida-Gebirge, davor das hügelige unendliche Meer von Olivenbäumen, rechts entrückte nur langsam die Messara. Der Regen hatte nachgelassen, die rote feuchte Erde dampfte. Die rauschartige Stimmung, die erhabene Schönheit der kretischen Bergwelt, all das Gesehene und Erlebte – eigentlich hätten wir schweigen und betroffen in uns gehen müssen. Aber wir konnten es nicht. Und vermutlich deshalb fingen wir an zu lachen wie alberne Kinder – langsam sich steigernd und dann so gewaltig und unwiderstehlich, dass wir nicht wieder aufhören konnten. Wir schauten uns an, fielen zurück in den Sand und brüllten vor Lachen.

Das Gelächter wurde immer homerischer. Wenn wir die Jahrtausende hätten überspringen können, hätten wir in diesem mythischen Augenblick oben auf der Sandladung vermutlich dionysisch verzückt getanzt bis zur völligen Erschöpfung. Ich hätte mich in diesem Zustand nicht darüber gewundert, wenn plötzlich der lüsterne ziegenfüßige und gehörnte Pan zusammen mit struppigen und ziegenschwänzigen Satyrn, gefolgt von Dionysos und seinen ekstatisch rasenden Bacchantinnen aus dem Schatten der Olivenbäume auf uns zugesprungen wären, uns in ihren bukolischen Reigen einbezogen und wenn bösartige Kentauren uns verfolgt hätten und der gewaltige Zeus oben vom Ida herab donnernd und orgiastisch in unser Gelächter eingestimmt hätte, dass es bis Santorin zu hören gewesen wäre. Alles war belebt und verzaubert in diesem kurzen Moment eines nie dagewesenen Glücks, einer nie empfundenen Identität.

Peters burn-out

In Heraklion stiegen wir in einem Hotel ab, das auch schon bessere Tage gesehen hatte. Unser Zimmer war groß wie ein Saal. In jeder Ecke stand ein riesiges Bett, das als Pfosten klassische Säulen hatte. Wir saßen auf diesen altertümlichen Schlafgestellen, die Haschischpfeife kreiste wieder. Georg kam auf die Idee, ganz oben am Ende von Peters Gitarre, dort wo die Saiten gespannt werden, merkwürdig hohe, schrille und sehr harte Töne zu zupfen. Jedes Mal, wenn ein solcher Laut das Zimmer ausfüllte, erhob sich brüllendes Gelächter, wir fielen vor Lachen in die Betten zurück, wie wir vorher in den Sand zurückgesunken waren.

Plötzlich erhob sich Peter und stürzte hinaus. Er war grün und blau angelaufen. Als er nicht wiederkam, gingen wir ihn suchen. Wir fanden ihn auf der Toilette, er hatte nicht abgeschlossen. Der Raum war fast so groß wie unser saalartiges Zimmer. In der einen Ecke auf dem Klosett saß Peter mit heruntergelassener Hose wie ein Haufen Elend. Vor sich in den Händen hielt er eine Schüssel. Er schiss und kotzte auf einmal, was sein Körper hergab. Sein Anblick war von solch tragischer Komik, dass wir uns alle in der Tür stehend die Bäuche vor Lachen hielten. Wenn Peter, der ein so witziger Sprücheklopfer war, in diesem Moment noch den oft wiederholten Spruch *Das Leben ist schwankend wie Bambus im Wind, Halt geben uns einzig die Weisungen des erhabenen Buddha* deklamiert hätte, wäre die Situation vollkommen gewesen. Aber natürlich sagte er ihn nicht in seinem jämmerlichen Zustand.

Als Peter zu uns ins Zimmer zurückkam, war er wie verwandelt. Bleich, todernst und oberlehrerhaft. Er machte uns schwere Vorwürfe wegen unseres Leichtsinns mit dem Haschisch. Das ganze Haus röche danach. Er nahm den restlichen Klumpen, ging zum offenen Fenster und warf ihn in hohem Bogen in die feuchte Nacht hinaus. Für uns war dieser Auftritt der absolute Höhepunkt dieser absurden Komödie und wir prusteten erneut los …

Am nächsten Morgen waren wir alle wieder völlig nüchtern. Das schwüle Regenwetter war klarem, warmem Sonnenschein gewichen. Dionysos, Pan und die Satyrn mit ihrem berauschten Gefolge hatten uns wieder verlassen. Der phantastische Spuk war vorbei.

Die Rückfahrt

Peter und Shlomo wollten noch in Athen bleiben. Ich machte mich mit Georg zur Autobahn auf. Ein Lastwagenfahrer – ein lustiger Schotte – nahm uns bis Larissa mit. Dort kratzten wir unser letztes Geld zusammen und kauften uns Fahrkarten nach Salzburg bzw. München. Aber unser Geld reichte nicht mehr für ein bisschen Proviant und Wasser. Aber wir würden auch so in der Heimat ankommen.

In dem D-Zug-Abteil saß zunächst nur eine Argentinierin, die auf Europareise war. In Skopje nahmen Jugoslawen (ich weiß nicht, ob es Serben, Mazedonier oder Albaner waren) die restlichen Plätze ein. Georg vertrieb sich die Zeit, schrieb auf einem Block Songs oder lyrische Verse und reichte sie mir zur Begutachtung rüber. Ich war völlig überrascht und erstaunt, weil sie sprachlich unglaublich perfekt und schön waren, es gab nichts an ihnen auszusetzen oder zu kritisieren. Ich fragte ihn, wie er aus der Improvisation heraus spontan so etwas Großartiges zustande brächte. Ich weiß nicht mehr, was er mir darauf geantwortet hat.

Dann packten die Jugoslawen ihren Reiseproviant aus: wunderbare Bratenstücke, kräftiges braunes Brot und anschließend Obst. Sie ließen diese herrlichen Genüsse im Abteil rumgehen und bestanden darauf, dass auch wir ordentlich zulangten – was wir beschämt auch taten, denn wir konnten ihnen ja nichts anbieten. Und dann verteilten sie Wassergläser und füllten sie fast randvoll mit Sliwowitz. Ich weiß nicht mehr, wie oft wir uns zuprosteten und auf Ex tranken. Auf jeden Fall waren wir, als wir Belgrad erreichten, recht beschwipst und in sehr heiterer Stimmung. Als wir in Salzburg ankamen, verabschiedete sich Georg und schwankte auf dem Bahnsteig ziemlich benebelt, aber sehr lustig davon. Mir ging es nicht anders auf dem Münchener Hauptbahnhof. Wir hatten ein großartiges Beispiel balkanischer Gastfreundschaft erlebt.

Ich habe Georg nicht wiedergesehen. Wir haben noch ein paar Briefe gewechselt, dann ist der Kontakt eingeschlafen. Jahre später – ich kann den genauen Zeitpunkt nicht mehr angeben, fand ich Bilder und Berichte in den Medien von einem Wiener Liedermacher namens Georg Danzer. Das Gesicht kam mir sehr bekannt vor! Ist das jener...? Ja, es gab keinen Zweifel, er war es. Georg hatte inzwischen eine steile Kariere gemacht und war einer der Großen in der Austro-Pop-Szene.

Lieder über die Reise

Er hat auch zwei Lieder über seine Griechenlandreise 1967 geschrieben, auf der ich ihn kennengelernt hatte. Da heißt es:

Und wann'sd di dann entschliaßt zum weiterleb'n
Dann steht der himmel voller stern
Und es hat wunderschöne zeit'n geb'n
An die erinner ich mich gern (...)
Mit 15 hab' i dèrste freundin g'habt
Mit 19 war die schul' vorbei
Und ich bin autog'stoppt nach griechenland
Und war zum erstenmal ganz frei
Ich bin frei (...)
Auf kreta bleib ich ewig
Viel geld hab' ich ned mit
Ich leb' so lang ich's aushalt
Von spiegeleier mit pommes frites
Ich lern' a madl kennan
Mit kurze blonde haar'
Des war die große freiheit
Vom 67er jahr

Und in seinem Matala-Song heißt es:

Die straß'n ziagt sie so schnurgrad
Wia zeichn't mit an lineal
Die sun is haß
Und I hab saund in die schuach
Ka bam in aussicht weit und breit
Der mir an schatt'n spend'n kennt
Mei schädl brennt
Und I hab saund in die schuach
I hetz' mi ned, es is schee da herob'n
Bis zum meer is no weit, aber I hab vü zeit
I bin unterwegs nach matala
Dort soll's so oide höhl'n geb'n
In denan a poa hippies leb'n
Dort mecht I hin
Und I hab saund in die schuach
Es riacht nach ginster und jasmin
I g'spür die stille in mia drin
I fühl mi wohl
Und I hab saund in die schuach
I drah mi um und von dort wo I kum
Glänzt die stadt weiß und schdüh, aber I hab mei züh
I bin unterwegs nach matala

Im *Hawelka*, Wien, Oktober 2022.

Die Premiere eines neuen Buches führte mich in diesem Jahr nach Wien. Es war klar, dass ich bei dieser Gelegenheit jenen legendären Ort aufsuchen musste, in dem Georg und so viele andere ihr künstlerisches Zuhause gehabt hatten. Ich war nie vorher dort gewesen. Was hatte ich nicht alles über dieses Lokal und seine berühmten Gäste gelesen! Ich habe dann aber alles so vorgefunden wie vielmals beschrieben. Die Einrichtung ist schlicht und einfach, ist wohl nie erneuert worden und könnte, was die kleinen Sofas betrifft mit ihren gestreiften und

Im Café *Havelka* in Wien

abgewetzten Plüschbezügen auch vom Sperrmüll stammen.

Die Telefonzelle gleich am Eingang gibt es noch, ist im Handy-Zeitalter aber völlig überflüssig geworden. Auch die Bilder bekannter und renommierter Maler hängen – wenn auch etwas vergilbt – noch an den Wänden: Werke von Hundertwasser, Brauer, Fuchs und Hütter. So manches Mal soll einer von ihnen seine Zeche mit einem solchen Bild bezahlt haben. Auch die berühmte Plakatwand existiert noch und informiert aktuell über kulturelle Events in der Stadt.

Der Schriftsteller Heimito von Doderer hat über die Wiener Kaffeehäuser angemerkt, sie seien Orte meditativer Stille und hätten das zweckfreie Vergehenlassen der Zeit in sich aufgenommen. Für das *Hawelka* stimmt das sicher nicht. Georg Danzer hat die Stimmung dort als stets ausgelassen, laut, bunt und hektisch beschrieben. Über die Zeit und ihre Vergänglichkeit in diesem speziellen Kaffeehaus könnte man lange philosophieren. Georg hat darüber einmal angemerkt, dass das *Hawelka* bleibe, was es war, es befinde sich bereits im Zustand der Unsterblichkeit.

Ich war so überladen mit den Mythen und Legenden, die sich wegen seiner prominenten Gäste um dieses so berühmte Lokal ranken – ich denke neben den Malern an Autoren wie H.C. Artmann, Elias Canetti, André Heller, Helmut Qualtinger, Oskar Werner, die hier ein- und ausgingen –, dass ich den Raum ehrfürchtig wie eine wegen ihrer Schönheit gerühmte Kirche oder einen antiken griechischen Tempel betrat. Aber meine Ehrfurcht war völlig fehl am Platz, im *Hawelka* herrschte banale Normalität. Junge Leute und auch Familien mit Kindern saßen um die eng gestellten Tische, aßen Kuchen oder nippten an ihrem Kaffee oder ihrer Schokolade. Der Ober wies mir den Tisch und das Plüschsofa vor der großen mittleren Säule zu. Als ich mich bedankte, winkte er cool ab. Eine pure Selbstverständlichkeit, so verstand ich seine Geste, da gibt es nichts zu danken.

Ich ließ den Blick schweifen und konnte es bei aller Normalität, die mich hier umgab, gar nicht fassen, dass sich an diesem Ort all das abgespielt hat, was ich darüber gelesen habe. Zum Beispiel, dass die Tische, an denen die Leute jetzt so brav sitzen, einst eine aufsteigende Hierarchie darstellten, so schreibt Georg. Soll heißen: Als Bohemien musste man sich von Tisch zu Tisch nach vorn dienen, bis man den absoluten Gipfel des *Hawelka*-Olymps erreichte, den kleinen Tisch direkt an der Theke, an dem auch der alte Herr Hawelka seinen Kaffee und seinen Kipferl genoss. André Heller schreibt, dass er für den ganzen, unvorstellbar mühseligen Weg vom Anfängertisch, vor der Telefonzellentür links neben dem Eingang, zum fünf Meter Luftlinie entfernten Milan-Tisch, links von der Anrichte, etwa sechs Jahre gebraucht habe – mit langen erlebnisreichen Zwischenaufenthalten an anderen Tischen.

Der Nackerte

Ich blicke zur Tür und versuche mir vorzustellen, wie der Nackerte (ein Flitzer) hereinkommt, den Georg in seinem Lied besungen hat (Auszug):

Neilich sitz i umma hoiba zwa im Hawelka
Bei a poa Wuchteln und bei an Bier
Auf amoi gibts beim Eingang vuan an Mordstrara
Weu a Nackerter kummt eine bei der Tür
Da oide Hawelka sagt: „Suach ma an Plotz"
Owa sie macht an Batzn Bahö
Weu sie mant das sowas do net geht

Und er soll si schleich'n, aber schnö (...)
Jö schau, so a Sau, Jassas na
Wos macht a Nackerter im Hawelka? (...)
Moch ma hoit a Ausnahm
Sei ma heit net grausam
Weu ein Pro-Mileu-Lokal
Scheißt auf Spiesbürgermoral
Jö schau, so a Sau, Jassas na
Wos macht a Nackerter im Hawelka?

Das Lied wurde in ganz Österreich ein Hit. Für das *Hawelka* bedeutete der daraufhin einsetzende Run auf das Lokal aber eine mittlere Katastrophe, denn neugierige Massen – auch in Bussen angekarrt – strömten zum Café und wollten wissen, ob es den Nackerten wirklich gibt und ob er hier war. Das Telefon klingelte den ganzen Tag. Der alte Herr Hawelka hatte alle Hände voll zu tun, um mit dem Ansturm fertig zu werden.

Aber den Nackerten hat es nie gegeben. Georg hatte ihn in seiner Fantasie schlicht und einfach erfunden. Er hat das später auch augenzwinkernd zugegeben. Und die Wirtsleute Hawelka haben ihm den Scherz nicht übelgenommen. Frau Hawelka sagte über den Georg immer: „Den hab i mit kleine Braune aufgezogen." Ich weiß nicht, ob Georg vielleicht das Vorbild für den Nackerten in Matala gefunden hat, die Medien hatten ausführlich darüber berichtet. Der griechischen Staatsmacht und der Kirche war das sündige Treiben der bunten Paradiesvögel auf dem Höhlenfelsen immer ein Ärgernis gewesen, das sie möglichst schnell beseitigen wollten. Jedes Mal, wenn nun ein Polizeitrupp anrückte und Ordnung auf dem Felsen schaffen wollte, stellten sich die Hippies nackert vor die Höhlen – und wehrlose, nackerte Menschen kann man ja schlecht vertreiben ...

Den Scherz mit dem Nackerten hat Georg 1975 in die Welt gesetzt, er hat in jenen Jahren eine große Karriere gemacht – 2007 ist er gestorben. 55 Jahre ist es jetzt her, dass er und Shlomo neugierig in unsere Höhle in Matala schauten, um zu erfahren, wer die neuen Nachbarn waren. So viele Jahre später muss ich nostalgisch im *Hawelka*, dem Platz, der ihm so viel bedeutete („seine innere Heimat"), an ihn und unsere kurze Freundschaft denken ...

PS.: Ich muss noch eine kurze Ergänzung anfügen und mitteilen, was aus Peter und Shlomo geworden ist. Es war ja eine verrückte Zeit Ende der 60er Jahre: Kalter Krieg, Wirtschaftsboom, Vietnam-Krieg, Flower-Power und Studentenrevolte. Und diese Verrücktheit spiegelt sich auch in den Lebensläufen der beiden wider. Peter gab sein Studium der Religionswissenschaft in Bonn auf und trat in die Hare Krishna Sekte ein. Ich habe ihn im Internet wiedergefunden – einen glatzköpfigen älteren Herrn in langem weißem Gewand und mit weißer Stirnbemalung. Er heißt jetzt Prthu Dasa Brahmari und ist Hare Krishna Bischof von Belfast geworden. Auf einem Foto verteilt er – offenbar in Indien – milde Gaben an Arme, die gierig ihre Hände danach ausstrecken. Auf einem anderen Bild sieht man ihn im Gespräch mit dem Beatle George Harrison, wohl auch in Indien.

Shlomo kaufte sich, als er wieder mal nach Matala kam, dort mein Buch *Reise nach Matala* und fand sich und Georg darin wieder. Er schrieb mir eine E-mail. Ich war zufällig auch gerade auf Kreta und habe mich mit ihm in Matala getroffen. Er war einer Sekte (ich meine, es wäre die von Otto Muehl gewesen) beigetreten. Die hatte seine Arbeitskraft kräftig ausgebeutet und ihn auch um seine Ersparnisse gebracht. Er war nun arm wie eine Kirchenmaus und hielt sich in Wien mit allerlei Jobs über Wasser. Die Freundschaft mit Georg hatte sich irgendwann aufgelöst, er hatte keinen Kontakt mehr zu ihm gehabt.

Ich bin selbst ein großer Anhänger der 1968er Bewegung gewesen und habe aktiv an der Studentenrevolte teilgenommen. Aber diese Zeit hatte auch ihre Irrläufer. Georg hat sich seinen Traum vom Künstlersein, den er schon früh im *Hawelka* und auch in Matala geträumt hat, voll erfüllt. Er hat eine faszinierende Entwicklung genommen und hat ein fantastisches Lebenswerk hinterlassen. An Peter und Shlomo denke ich dagegen eher mit kritischem Bedauern.

Joni Mitchell in Matala: eine unglückliche Liebe, aber ein großartiger Song

Sie sei die „bedeutendste und wandlungsfähigste Singer-Songwriterin des 20. Jahrhunderts“ hat das Fachmagazin *Rolling Stone* schwärmerisch über Joni Mitchell geurteilt. Anders gesagt: Die heute 79jährige ist schon zu Lebzeiten eine Legende. Die schlanke Frau mit den langen blonden Haaren und der Gitarre, die auch Komponistin, Poetin und Malerin ist, steht als Ikone für eine ganze von Folk-Musik geprägte Generation. Sie war neben dem Folk von vielen Stilen beeinflusst und hat sich an sie angelehnt: Pop, Rock, Klassik und Jazz, sie hat mit so gut wie allen Größen dieser Richtungen zusammengearbeitet, mit einigen von ihnen war sie auch liiert – etwa mit Leonard Cohen. Sie hat über zwanzig Alben herausgebracht und unzählige Singles. In ihren Songs legte sie zumeist in einer sehr offenen Innenschau ihre Gefühle dar – von überschwänglicher Freude bis zur Depression, sprach aber nach romantischen Anfängen auch politische, soziale und philosophische Probleme an.

Sie hat über sich selbst geschrieben: „Ich bin eine Malerin, die Lieder schreibt. Meine Songs sind sehr visuell. Die Wörter erschaffen Szenen – in Cafés und Bars, in düsteren kleinen Zimmern, an vom Mond beschienenen Ufern, in Küchen, Krankenhäusern und auf Rummelplätzen. Sie ereignen sich in Fahrzeugen und Zügen und Autos.“ Immer neugierig und rastlos unterwegs. Das erinnert ein wenig an Jack Kerouacs *On the Road* …

In Cafés und Bars und an vom Mond beschienenen Ufern – da kommt Matala ins Spiel. Ich bin Joni Mitchell nie persönlich begegnet, habe sie aber sozusagen virtuell im Abstand von wenigen Jahren getroffen, denn für uns beide wurde ein kleiner Ort an der wilden Südküste Kretas mit seinen Höhlen, in denen damals die Hippies wohnten, zu einem einmaligen und grandiosen Erlebnis. Als junger Student bin ich im April

1967 mit einem Rucksack voller Träume auf dem Rücken und getrieben von Abenteuerlust und Neugier in diesem Hippie-Mekka angekommen und einige Wochen dort geblieben. Ich bin dann aber brav in die Bürgerlichkeit, das heißt, zu meinem Studium zurückgekehrt.

Joni hat dort im Frühjahr 1971 zwei Monate verbracht und in einer Hippie-Höhle einen ihrer schönsten Songs geschrieben und komponiert: *Carey*. Es heißt dort:

„Dieser Wind kommt von Afrika,
letzte Nacht konnte ich nicht schlafen,
O, Du weißt es ganz genau,
es fällt mir schwer, von hier fortzugehen.
Aber es ist wirklich nicht mein zu Hause hier,
meine Fingernägel sind schmutzig,
ich habe Strandteer an den Füßen
Und ich vermisse meine weiße, saubere Wäsche
und mein geliebtes Eau de Cologne .

O, Carey, nimm deinen Stock,
Ich werde Silber anlegen.
Du bist ein gemeiner alter Daddy,
aber ich liebe Dich sehr.

Komm zum Café *Mermaid*,
Und ich werde Dir eine Flasche Wein kaufen.
Und wir werden lachen
Und anstoßen auf Nichts
Und unsere leeren Gläser auf den Boden werfen.

Vielleicht gehe ich nach Amsterdam,
vielleicht auch nach Rom
und werde mir ein großes Piano mieten
und schmücke mein Zimmer mit Blumen aus.

Aber lass uns jetzt nicht von Abschied reden,
die Nacht ist eine Kuppel voller Sterne

und sie spielen heißen Rock'n Roll
unter dem Matala-Mond.

Der Wind kommt von Afrika,
letzte Nacht konnte ich nicht schlafen.
O, Du weißt es mit Gewissheit,
es ist schwer von hier wegzugehen.
Aber es ist wirklich nicht mein zu Hause.

Die Bekanntschaft, die Joni in Matala gemacht hatte, war der Amerikaner Cary Raditz, der in einer Taverne als Koch arbeitete. Joni beschreibt ihn als „großartigen Charakter", der nicht nur „flammend rote Haare" hatte, sondern auch eine „flammend rote Persönlichkeit". Er trug immer weiße Kleidung, auf dem Kopf einen indischen *Nehru-Turban* und stützte sich stets auf einen kretischen Hirtenstock. Cary hielt sich für einen Gourmet-Koch und hatte stets Appetit auf einen „flammend roten Wein". Er konnte sehr herrisch und autoritär auftreten, eben ein Macho wie er im Buche steht. Dennoch mochte Joni ihn sehr und sie verliebte sich bis über beide Ohren in ihn.

Joni Mitchell und Cary Raditz in Matala

Joni war mit ihrer Freundin Penelope nach Matala gekommen. Die beiden bezogen eine kleine Hütte in einem nahegelegenen Mohnfeld. Aber dort sollten sie nicht lange wohnen. Denn Jonis Aufenthalt in Matala nahm durch ein äußerst lautes und zunächst erschreckendes Ereignis eine plötzliche Wendung. Als sie auf dem Weg zum Strand war, gab es plötzlich direkt hinter ihr einen ohrenbetäubenden Knall. Aus der Taverne *Delphini* flog unmittelbar nach dem Knall in hohem Bogen ein Mann aus der offenen Tür. Durch den unvorsichtigen Umgang mit einem Feuerzeug war eine Gasflasche explodiert. Dem Mann, der durch den Druck der Explosion aus dem Haus geschleudert wurde, war außer ein paar versengten Haaren nichts passiert. Der Vorgang machte Joni neugierig. Später schwärmte sie: „Was für ein Auftritt! Diesen Typ musste ich kennenlernen.“ Es war Cary Raditz.

Am Abend nach der Explosion ging Joni mit Penelope ins Café *Mermaid*, wo sich die Hippie-Szene traf. Cary ermunterte sie, ein paar Raki (kretischer Grappa) zu trinken, die ihr überhaupt nicht bekamen. Irgendwann muss ihr der Faden gerissen sein, sie verlor vollständig den Überblick. Am nächsten Morgen wachte sie in der Höhle von Cary auf und konnte nicht mehr sagen, wie sie den steilen Aufstieg in die Felsgrotte geschafft hatte. Als sie in ihre Betonhütte zurückkam, war Penelope nicht mehr da. Sie hatte sich in einen Griechen verliebt und mit ihm das Weite gesucht.

Joni schrieb den Song *Carey* in einer Höhle

Joni war nun allein, fühlte sich sehr einsam und verletzlich. Sie zog in die Höhle zu Cary, der ihr Liebhaber und Beschützer wurde. Das Hippie-Leben in Matala war aber gar nicht so bunt und psychedelisch, wie man meinen könnte. Joni hat den Alltag später als sehr einfach und prosaisch geschildert: viele Kontakte mit den Höhlennachbarn aus aller Welt, in der Sonne liegen und im Meer baden, spazieren gehen, einkaufen, kochen, Wäsche waschen und abends im Café *Mermaid* bei Wein und Raki zusammensitzen. Da wurde sicher auch gekifft. Aber sie war auch kreativ: In Carys Höhle schrieb und komponierte sie ihren zum Klassiker gewordenen Song *Carey* (wobei sie seinem Namen ein e hinzufügte). Joni hatte in ihrem Reisegepäck ein Hackbrett, eine Gitarre empfand sie für unterwegs als zu groß und klobig. Auf dem Hackbrett stimmte sie die Akkorde ab.

Der Song ist ein Mix aus der romantischen Faszination, den der Ort, sein Ambiente und ihre Liebe zu Carey auf sie ausübten, und aus dem Abscheu vor den Unbequemlichkeiten des Höhlenlebens: die Nächte auf dem harten, nur mit Seegras bedeckten Felsboden, das vom Meerwasser verfilzte Haar, der lästige Strandteer an den Füßen und das Jucken der ewigen Flohbisse. Sie vermisste saubere weiße Wäsche und ihr Eau de Cologne. Sie hatte genug vom wenig romantischen Höhlenleben.

Carey erschien später auf dem Album *Blue*, das überschwänglich als eine der besten Kreationen des Folk gefeiert wurde und zu Jonis meistverkauftem Erfolg wurde. Allein in den USA wurde es über zehn Millionen Mal vertrieben. Joni erzählt in ihren Liedern oft von ihrer Einsamkeit und dem Wunsch, sie durch Liebe zu überwinden. Sie hat einmal über sich selbst gesagt: „Beim Poker kann ich ruhig bleiben, aber ich bin eine Närrin, wenn es um Liebe geht." Und so taucht in ihren Songs als typischer Zug immer wieder das Motiv Rede und Widerrede auf, wobei die Widerrede auch imaginiert sein kann. Denn die Liebe, von der sie singt, ist zumeist nicht von Dauer, das Ende ist absehbar. Im Song *Carey* führt sie einen Widerrede-Dialog mit ihrem Liebhaber Raditz und deutet schon das Ende an, sie will nur noch weg aus Matala und nach Rom und Amsterdam gehen ... (Sie haben sich später in Los Angeles noch einmal getroffen und hatten sich nichts mehr zu sagen.)

Im Gegensatz zu Joni habe ich Matala sehr viel wilder und berauschender in meiner – vielleicht verklärten – Erinnerung bewahrt. Die Tage dort waren ein einziges ausgelassenes und psychedelisches Fest. Abends am großen Feuer am Strand, wenn wir alle Fischsuppe kochten (den Fisch hat uns der Fischer Georgios zum großen Ärger seines Vaters von seinem Fang immer geschenkt), wenn die Weinflaschen und die Haschpfeifen die Runde machten, das Gitarrenspiel und der Gesang anhoben, entstand spontan ein Gemeinschaftsgefühl, wie ich es später nie wieder erlebt habe. Und nach der nächtlichen Runde am Feuer sprangen wir alle nackt mit dionysischen Schreien ins Meer. Das Hippie-Leben in Matala hatte ein Motto: *Life is today, tomorrow never comes!* Ein Hippie hatte sich einen Eimer Farbe gekauft und den Spruch in riesigen Buchstaben an die Kaimauer gemalt. Dort steht er noch heute.

Joni hat später auf Festivals und in den Konzerthäusern der Welt, bevor sie den Song *Carey* vorgetragen hat, und in vielen Interviews immer wieder die kurze Episode mit Cary erzählt und warum diese Begegnung und die Zeit in Matala für sie so wichtig gewesen waren. Der Ort war zum Ende der sechziger und zum Beginn der siebziger Jahre ein Eldorado der Gegenkultur, ein Treffpunkt der Blumenkinder, von Freaks und Glücksrittern, so hat Joni selbst den Ort beschrieben. Er hat eine magische Anziehungskraft für Paradiesvögel aus der ganzen Welt ausgeübt, was sicher mit seiner grandiosen Natur zusammenhängt. Deshalb ist auch Joni wie viele Amerikaner auf der Suche nach dem *anderen*, dem *einfachen Leben* damals dorthin aufgebrochen.

Der Ort liegt zwischen zwei mächtigen, zum Meer hinabfallenden Felsformationen, von denen die eine auf der westlichen Seite wie ein Schweizer Käse von einem Geflecht von Höhlen durchzogen ist, die Menschen der Vorzeit in das weiche Felsgestein geschlagen haben. Im Lauf der Geschichte

Höhle in Matala. Hier lebte Joni Mitchell

haben die Grotten viele Funktionen erfüllt: Wohnunterkünfte, Gräber, Lepra-Außenposten und Lagerstätten für alles Mögliche. Vor dem kleinen Ort zwischen den beiden Felsnasen erstreckte sich ein herrlicher, unberührter Strand und davor das unendlich weite Libysche Meer – so weit, dass man meint, Afrika in der Ferne ahnen zu können. Hier kann man in den Höhlen lebend der Erde, dem Meer mit seinen Gezeiten, dem Himmel, der Sonne und den Sternen ganz nah sein. Man kann den Rhythmus der Natur unmittelbar spüren. Dazu kam etwas anderes: Das Leben in Matala war einfach und billig, und die Unterkunft in den Höhlen war mietfrei.

Eine turbulente Zeit

Es war eine turbulente, um nicht zu sagen verrückte Zeit damals am Ende der sechziger Jahre. Die Amerikaner waren dabei, in Vietnam ein ganzes Volk in die Steinzeit zu bomben; die ersten Menschen landeten auf dem Mond, in den westlichen Gesellschaften erfreuten sich nach den Entbehrungen der Kriegs- und Nachkriegsjahre breite Schichten eines ungeahnten Wohlstandes – Konsum und nochmal Konsum war das neue Zauberwort. In den USA formierte sich zuerst Widerstand gegen eine Gesellschaft, in der allein die Höhe der verdienten Dollars über den sozialen Status entschied. Es zählten nur Arbeit, Leistung, beruflicher Erfolg, Karriere und Besitz.

Auflehnung kam vor allem von der Hippie-Bewegung. Die Blumenkinder, wie sie sich auch nannten (weil Blumen Symbol für Schönheit, Liebe und Frieden sind), wollten nicht aus der Gesellschaft aussteigen, wollten nicht ins Nirwana flüchten, sondern eine schöpferische, neue positive Gegenwelt innerhalb der etablierten Gesellschaft begründen. Ihr Protest richtete sich gegen die Einförmigkeit, den Konformismus und die Spießigkeit der US-Gesellschaft und ihre ausschließlich materielle Orientierung, die Geist und Seele verkümmern lässt. Amerika war für sie ein *Friedhof mit Komfort*. Sie setzten dem *american way of life* das Ideal eines Lebens entgegen, in dem Werte wie Glücksstreben, gegenseitiges Verstehen, ein Bewusstsein von der Sinnhaftigkeit der Existenz und Liebe dominieren. Das Zentrum der Bewegung war San Franzisco, aber Orte wie Matala waren ideal zur Verwirklichung der Hippie-Träume von einer besseren Welt.

Diese Aussteiger hatten sich eine gedankliche Gegenwelt zu Amerika aufgebaut, von dem sie zutiefst frustriert waren. Das renommierte US-Magazin *Life* schickte eigens einen Reporter nach Matala, der die *Dropouts* dort interviewen sollte. Ihre Aussagen waren alle sehr ähnlich. „Ich habe Amerika verlassen, um meine Werte zu suchen“ sagte einer und fügte hinzu: „In den Höhlen gibt es zum Glück kein Fernsehen. Ich leide an Amerika, es ist krank.“ Der allgemeine Tenor war: Es ist besser aus Amerika abzuhauen und in einer Höhle zu leben, als sich dort dem täglichen sinnlosen Kampf im Hamsterrad auszusetzen. So gut wie alle sahen das Leben in den Höhlen als Reise zu sich selbst, die zwar lang und gefährlich sei, aber die Chance zur Wiedergeburt böte. (*Life* Juli 1968)

War Joni eine Aussteigerin und ein Hippie-Mädchen? Ganz sicher nicht. Ihr Biograph Daniel Yaffe schreibt, sie habe in der Höhle *Hippie gespielt*. Das ist treffend gesagt. Denn bei aller Zerrissenheit und Verletzlichkeit, die sie auch besaß, war sie eine viel zu selbstbewusste Künstlerin, um sich einer solchen modischen Bewegung anzuschließen. Aber sie war mit ihren Songs und Kompositionen ein Teil der Gegenbewegung gegen den *american way of life*, wie so viele Liedermacher/innen und Bands damals – etwa Joan Baez, Janis Joplin, Leonard Cohen, Donovan, Jimi Hendrix, Bob Dylan und viele andere. Aber Joni blieb immer ein künstlerischer Freigeist. Stilrichtungen und Weltanschauungen hat sie sich nicht untergeordnet.

In Matala hat sie Spuren hinterlassen. Ihr Song *Carey* wurde zu so etwas wie die Hymne des Ortes, der seit 2011 jedes Jahr ein Hippie-Musik-Festival vor den Höhlen veranstaltet, das nur 2021 und 2022 wegen Corona ausfiel. Dann wird sie jedes Mal gefeiert. Aber sie würde den Ort heute nicht wiederkennen. Nach den Hippies zogen dort die Touristen ein. Für sie wurde die ganze Infrastruktur geschaffen, die für diese modernen Nomaden nötig ist: Hotels, Supermärkte, Bars und Clubs.

Um die Höhlen wurde ein Zaun gezogen, man kann sie nur noch gegen Eintritt besichtigen. Aber die Hippies hatten Matalas Ruhm begründet, der in den Jahrzehnten nach der großen psychedelischen Zeit zum Mythos verklärt wurde. Jonis Aufenthalt dort und ihr *Carey*-Song haben ganz wesentlich zu dieser Verklärung beigetragen. Und weil Mythen so faszinierend sind und sich auch so gut vermarkten lassen, hat man den Matala-Mythos gleich noch um ein paar weitere Noten erweitert: Auch Bob Dylan, Janis Joplin und Cat Stevens sollen in den Höhlen am Meer gewohnt und im *Mairmaid*-Café ihren Raki getrunken haben. Aber dafür gibt es keinerlei Belege. Mythen sollen ja immer einen Kern Wahrheit enthalten, in diesem Fall hat eine blühende Phantasie ganz eindeutig über den Mythos gesiegt.

Alexis Sorbas hat uns nach Kreta gebracht Ein Interview mit dem Maler Peter Foeller

Als der deutsche Maler Peter Foeller (Jahrgang 1945) nach Kreta kam, war er von der Insel so begeistert, dass er sich mit seiner Frau in dem Bergdorf Plora (am Fuße des Asterousia-Gebirges) ein altes Haus kaufte, es renovierte und seine künstlerische Tätigkeit neben seinem Atelier in Berlin auf die Insel verlegte. Foeller hat eine ganz eigene Bildsprache entwickelt: Streng durchgestaltete, geometrischen Formen stehen zumeist im Kontrast mit amorph Zerfließendem. Diese gegensätzlichen Pole sorgen für äußerste Lebendigkeit und Dynamik und weisen eine suggestive Symbolik auf. Ich deute sie immer als den im Kosmos begründeten Kampf zwischen Ordnung und Chaos. Angesichts solcher abstrakten Bildkonstruktionen stellt sich die Frage: Gibt es in diesen Bildern eine Verbindung zu Kreta? Danach habe ich den Künstler gefragt.

Peter Foellers Bild *Heute leicht bewölkt* vor den Asterousia-Bergen

Wann bist du mit deiner Frau nach Kreta gekommen und warum hast du dich dann gerade dort niedergelassen?

Dass die Reise nach Kreta, heute vor 50 Jahren im April 1973, zu einer schicksalhaften werden sollte, konnte ich damals noch nicht ahnen. Mit im Gepäck von Berlin nach Heraklion befand sich ein Buch von William Tarn *Die Kultur der hellenistischen Welt,* und in unseren Gedanken drehte sich alles um den Film *Alexis Sorbas,* der 1965 gedreht wurde und den wir bis dahin schon dreimal angeschaut hatten. Vorfreude über die anstehende Reise vermischte sich mit der Unsicherheit, wie wir auf Kreta wohl empfangen würden nach dem dunklen Kapitel der deutschen Besatzung, zudem während der griechischen Militärdiktatur.

Claudia und ich kamen mit unserem Sohn Marek, der auf dieser Reise fünf Jahre alt wurde, im kleinen Familien-Hotel *Grammatikakis* im damals vom Tourismus überschaubarem Malia unter. Dies sollte auch zum Ausgangspunkt für unsere Inselüberquerungen mit dem gemieteten VW-Käfer werden. Viele Teile der Insel konnte man nur über schlecht befahrbare Schotterstraßen erreichen, vor allem die Bergdörfer. Autostraßen, wie wir sie heute hier kennen, gab es noch nicht. Unser erstes Ziel war die Lassithi-Hochebene. Die Wolkendecke verhüllte die Berge, und je höher wir kamen, desto tiefer hingen die Wolken, so als könne man sie anfassen. Als sich gerade wieder ein grauer Schleier öffnete, kam uns ein Trauerzug entgegen, und das Wehklagen der Frauen drang in unsere Ohren. Diese archaische Szene ließ uns für eine Weile verstummen. Und als die in Schwarz gekleideten Trauergäste an uns vorbeizogen, war *Alexis Sorbas* ganz nah. Unsere Fahrt ging immer höher die Berge hinauf, und die Nebelvorhänge schienen kein Ende zu nehmen. Doch als wir dann die Hochebene erreichten, tat sich vor uns, von Sonnenstrahlen erleuchtet, eine große, grüne, von Wasserrinnen durchzogene blühende Landschaft mit unzähligen Windmühlen auf, deren Anblick ich bis heute nicht vergessen kann. (siehe Bild von Lassithi)

Die Neugier und die Gastfreundschaft der Einheimischen überraschten uns, und unser Entdeckungsdrang öffnete schnell viele Türen. Bei unseren Besuchen wurde dann auch öfter die zu dieser Zeit verbotene Musik von Mikis Theodorakis aufgelegt. Manchmal sehe ich mir voller Wehmut die vielen hundert Dias und Schwarzweiß-Fotografien an, die die Erinnerung an diese Begegnungen für immer festgehalten haben.

Die Begeisterung für die Insel nahm kein Ende, und von da an sind wir jedes Jahr wiedergekommen. War es anfangs noch einfach, meine Malmaterialien mitzunehmen, wurden sie mit der Zeit so umfangreich, dass wir uns überlegten, eine Möglichkeit zu finden, diese auf Kreta zu deponieren. Das war der Anfang unseres Traumes und der späteren Entscheidung, hier ein Atelier zu bauen und auf der Insel zumindest teilweise sesshaft zu werden.

Wie hat sich Kreta – seine Landschaften, seine Kultur und seine Menschen – in deinen Bildern niedergeschlagen? Anders gefragt: Welche Inspirationen verdankst du der Insel?

Ob König Minos, Dädalos, das Labyrinth des Minotaurus, Knossos, Festos, Gortys, kaum eine andere Insel weist eine derart interessante frühe Kulturgeschichte auf wie Kreta. Mythenbeladene Begriffe begegnen einem auf Schritt und Tritt, und wenn man, wie ich auf der Insel lebt und arbeitet, ist es unmöglich, nicht mit ihnen in Berührung zu kommen. Ob man möchte oder nicht, man wird geradezu hineingezogen. Die Insel ist voller verführerischer Themen, die Vergangenheit geht nicht ohne die Gegenwart und die Gegenwart nicht ohne die Vergangenheit.

In meinem Dorf Plora, am Rande der Messara-Ebene kann ich mich fallen lassen in das wunderbare kretische Licht, das den Schatten verzehrt, ein Spiel für einen Künstler aus dem Norden, jeden Tag ein Festessen! Die Farben werden prächtig und sind bereit, angerichtet auf der Leinwand in tausend Facetten wie ein gutes Essen genossen zu werden. Alle meine Bilder wurden im kretischen Licht weicher und feiner.

Du lebst mit deiner Frau in dem schönen, aber reinen Bauerndorf Plora am Fuße des Asterousia-Gebirges. Fehlt es dir da nicht an Anregung?

Es ist ein guter Zustand, zwischen Nachbarn leben zu dürfen, die genau wie ich mit ihrer Hände Arbeit ihre Ernte einfahren. Das Leben hat hier einen noch ursprünglichen Charakter, der mir auch bei meiner Arbeit die Bodenhaftung wiedergibt. Auch oder gerade wegen der jüngeren Vergangenheit, in der die Deutschen das Land besetzt hatten, bin ich dankbar, zu einer Dorfgemeinschaft zu gehören, die unter den Nazis zu leiden hatte und mich trotzdem in ihrem Kreis akzeptiert. Das ist für mich, kurz nach dem Krieg geboren, nicht selbstverständlich. Ich finde, dass gerade schreckliche und dramatische Geschichtsphasen, mit denen wir Menschen immer wieder konfrontiert werden, künstlerische Schöpfungen hervorbringen, die wichtige Bestandteile zur Verständigung der Völker und Überwindung der schmerzlichen Schicksale sind.

Wenn ich hier auf Kreta bin, wartet das Atelier in Berlin, und wenn ich in Berlin bin, wartet das Atelier auf Kreta. Da wie dort erfüllt mich jede Stunde mit Freude, in der ich malen kann. Der Kontrast könnte nicht größer sein. Aber auch die Möglichkeit, sich zu isolieren, ist für mich von großer Bedeutung, um gute Bilder zu malen.

Hast du Verbindung zur kretischen oder griechischen Kunstszene? Gibt es da einen gegenseitigen Austausch?

In den 90er Jahren begann ich mit Evangelos Zachariadis, einem exzellenten Siebdrucker aus Athen zusammenzuarbeiten. Viele bekannte griechische Kollegen hatten bei ihm drucken lassen. Namen wie Yannis Psychopedis, Alekos Fasianos, Georgios Lolossidis, Dimitri Mytaras u.a. waren darunter. Einige habe ich persönlich bei ihm kennengelernt und mit anderen war ich zusammen in deutschen Kunstverlagen vertreten. Um Kontakte zu griechischen Galerien aufzunehmen, verabredete ich mich damals mit Alekos in der Galerie Zoum-

Greenhouse von Peter Foeller

Lassithi von Peter Foeller

Elpida (Hoffnung) von Peter Foeller und den Dorfbewohnern

boulakis in Kolonaki, doch ich habe schnell bemerkt, dass es nicht selbstverständlich ist für einen *XENOS* (*Fremden*) wie mich, in der griechischen Kunstszene Fuß zu fassen. Man landete schnell in Verteilungskämpfen, denen ich mich möglichst immer entzogen habe, hier und auch in Deutschland. Offen war und bin ich immer für konstruktive Zusammenarbeit, bei aufregenden Projekten.

Wie nimmt die Umgebung, in der du lebst, Deine Arbeit auf?

Durch meine vielen Workshops mit Künstlern u.a. an den Goethe-Instituten Salvador Brasilien, Kalkutta Indien oder Karthoum Sudan sowie mit den verschiedensten Berufsgruppen weltweit habe ich genügend Erfahrungen gesammelt, mit Menschen zusammenzuarbeiten. So lud ich eines Tages die Nachbarn aus unserem Dorf ein, bei geselligem Zusammensein eine weiße Leinwand zu bemalen. Es geschah in der Zeit der griechischen Finanzkrise, und für alle war dies ein willkommener Anlass, mit Formen und Farben ein Hoffnungsbild zu malen. Als Ergebnis entstand dabei das Bild *ELPIDA (Hoffnung).* Im Juni 2015 wurde dieses Bild zusammen mit anderen hier auf Kreta entstandenen in der Ausstellung *Schwarzweiß trifft Farbe,* (der Italiener Piero Meogrossi und Peter Foeller) in der Municipical Art Gallery, Basilika St. Marcos in Heraklion präsentiert. Alle Beteiligten des Workshops und viele Familien aus Plora waren bei der Eröffnung dabei. Wenn mich jemand aus der Nachbarschaft oder aus den umliegenden Dörfern im Atelier zu einem Raki besucht, wird fast immer lebhaft über meine Bilder und besonders über deren Farben diskutiert. Bei solchen Treffen wurde auch schon der Wunsch geäußert, für die Kirche *Agios Georgios* eine Ikone zu malen. Gerne will ich mich darauf einlassen.

Lange verfemt, fast vergessen: Der kretische Schriftsteller Themos Kornaros

In den Dörfern Südkretas sind meistens Bauern, Fischer und Kleinhändler heimisch. Um so erstaunter ist man, wenn man zufällig entdeckt, dass aus einem dieser Orte, die einem schon so lange vertraut sind, ein berühmter Schriftsteller stammt: Themos Kornaros (1906 bis 1970). Zwar hat die Welt ihn offenbar vergessen, aber in Kreta ist sein Name immer noch bekannt. Ich habe mich auf seine Spuren begeben, um mehr über ihn zu erfahren. In seinem Geburtsort Sivas nahe der kretischen Südküste wurde ich fündig. Man hatte mir gesagt, dass auf dem Dorfplatz ein Denkmal für ihn stehe. Ich hatte den Ort schon oft besucht und in den Tavernen an der Platia schon so manches Mal gesessen, aber ein Monument für einen Dichter war mir noch nie aufgefallen. Auch jetzt konnte ich nirgendwo einen Erinnerungsstein entdecken. Ich wandte mich an drei Männer, die in der Hitze des Mittags im Schatten hoher Bäume Tafli spielten und ihren Kaffee tranken. Bei der Nennung des Namens Themos Kornaros unterbrachen sie sofort überrascht Spiel und Gespräch und zeigten auf ein Mäuerchen. Und in der Tat: Zwischen zentralem Dorfplatz und dem großen Vorhof der mächtigen Kirche liegt – überragt von Baumkronen – eine kleine umzäunte Wiese, auf der etwas abgestellt und einsam zwei viereckige Säulen aufragen, die die bronzenen

Das Denkmal für Themos Kornaros in Sivas

Köpfe von zwei großen Söhnen des Ortes tragen. Der eine muss ein Bürgermeister gewesen sein, der offenbar Bedeutendes für die Gemeinde geleistet hat. Unter seinem Haupt sind auch Name sowie Geburts- und Sterbedaten eingetragen.

Büste und Kopf des anderen sind namenlos, keine Inschrift verrät, um wen es sich handelt. Aber das Gesicht dieses Mannes mit seiner hohen Stirn ist so ausdrucksvoll, von einer so klugen und ernsten Intellektualität durchdrungen, dass gar kein Zweifel möglich ist: Das ist Themos Kornaros. Sein Blick schweift wissend und prophetisch in die Ferne, als hätte er vom Leben der Menschen um ihn herum mehr verstanden als die meisten seiner Zeitgenossen. Aber er schaut auch irgendwie über die Bewohner seines Dorfes hinweg, als habe er Größeres, Schöneres und Wichtigeres im Auge.

Aber merkwürdig, dass man ihn hier hinter den Bäumen auf der kleinen Wiese und mit dem Rücken zur Kirche namenlos versteckt, als dürfe er in der Öffentlichkeit des zentralen Platzes nicht stehen. Ich habe die drei Männer am Tisch gefragt, warum man diesen großen Sohn des Dorfes dort ohne Inschrift auf seinem Sockel so abseits abgestellt hatte. Man sei dabei, die Dinge im Dorf neu zu ordnen. Alles sei noch unfertig und provisorisch. Man sei dabei, vieles neu zu bauen oder umzugestalten, sagten sie.

Befriedigt hat mich diese Antwort nicht, aber ich musste sie hinnehmen, war aber überrascht, mit welcher Hochachtung und welchem Stolz sie von ihm sprachen. Vermutlich hatten sie nie eine Zeile von diesem Autor gelesen, aber sie wussten viel von ihm und seiner Familie hier im Ort zu berichten. Einer der Männer bot sich an, mir sein Grab auf dem Friedhof zu zeigen. So fuhren wir gemeinsam dorthin. Gleich hinter dem Eingang, unter hohen Tamarisken liegt die marmorne Ruhestätte dieses kretischen Autors, der in einer bewegten und chaotischen Zeit gelebt und eine entsprechend bewegte Biografie hat. Auf seiner Grabplatte sind nur seine Lebensdaten verzeichnet und dass man seine Gebeine zwei Mal umgebettet hat. Darüber, auf einer aufrechtstehenden Platte stehen unter einem Kruzifix die Verse:

Freunde sind an deiner Seite gefallen
und unbestattet geblieben!
Bis die Geschichte ihnen
das notwendige Grab gibt
werden wir sie in unseren Herzen beherbergen

Ich fand auf Kreta noch eine Spur von ihm, die mir bewies, dass sein Werk nicht vergessen ist, dass die Menschen auf der Insel es noch in ihrem Bewusstsein tragen. In dem kleinen Städtchen Arkalochori unweit des Dikti-Gebirges steht auf dem zentralen Platz die Bronzeskulptur eines übergroßen Mannes, der die rechte Faust stolz, siegesgewiss und triumphierend in den Himmel reckt. Es ist ein Monument für Napoleon Sukadzidis, der aus diesem Ort stammt und die authentische Hauptfigur aus dem Roman *Leben auf Widerruf* ist, des Hauptwerks von Themos Kornaros. Neben der Statue des Mannes steht eine marmorne Tafel und auf ihr stehen die Sätze: „Die Aufgabe des wahren Menschen besteht nicht darin, sein Leben irgendwie zu verbringen, sondern zu verstehen, wie er es an der Seite der Anderen leben kann, um in der Lage zu sein, ihnen zu helfen und sie dauerhaft zu unterstützen, und wie er ihnen nützlich sein kann, ohne ihnen zur Last zu fallen oder ein Hindernis zu sein auf ihrem Weg zum Rechten und Guten. Ein Kämpfer ist nicht nur ein wahrer Mensch, sondern er verkörpert auch das erleuchtete und klare Bewusstsein, durch welches man, wann immer es nötig ist, zu einem Führer wird. Wenn es sein muss, hart und unerbittlich dem Feind gegenüber, der ein Feind ist und sich des Unrechts, das er begeht, bewusst ist.“

Bewegte Biographie

Grabinschrift und die Zeilen auf dieser Tafel offenbaren Sinn und Hintergrund nur, wenn man die Biografie und das Werk von Kornaros kennt. Er wurde – wie erwähnt – in Sivas (Südkreta) geboren und wuchs in sehr ärmlichen Verhältnissen auf.

Er musste früh seinen Lebensunterhalt selbst verdienen. Auf der Suche nach Arbeit war er ständig in ganz Griechenland unterwegs. In Athen fand er einen Job als Elektriker und Heizer im Nationaltheater. Hier lernte er die dort gespielten großen klassischen und modernen Werke der Weltliteratur kennen, begegnete bedeutenden Intellektuellen und veröffentlichte erste Artikel und Prosaarbeiten.

Dann verdingte er sich als Gärtner auf dem *Heiligen Berg Athos*, der Mönchsrepublik. Mehr als ein Jahr arbeitete er dort und hatte Gelegenheit, das Leben der Klosterbrüder zu studieren. Zurück in Athen schrieb er ein Buch über den Athos, das ihn mit einem Schlag berühmt machte: *Der Heilige Berg oder Mönche ohne Maske*. Mit radikaler Offenheit prangerte er den Verfall der orthodoxen Kirche an, ihre Ungläubigkeit, ihren Zynismus und ihre Geldgier. Er bezeichnete die „heiligen Männer" dieser Kirche als „Blutsauger", „Vampire" und „Ausbeuter", die im Reichtum schwelgten und keinerlei Mitleid mit den Nöten des Volkes hätten. Den bei ihnen Beschäftigen zahlten sie nur Hungerlöhne, die zum Leben nicht ausreichten. Und schlimmster Vorwurf gegen die frommen Gottesmänner: sie raubten in den Dörfern kleine Jungen zwischen sechs und acht Jahren, um sie sexuell zu missbrauchen. So kritisch und brisant hatte vor ihm noch niemand über die orthodoxe Kirche geschrieben. Später wird noch ein Werk zu diesem Gegenstand folgen. In dem Buch *Scharlatane und Diebe an der Macht* schilderte er das äußerst unheilige Leben des Bischofs von Mesolongi.

Als Ioannis Metaxas 1936 seine Diktatur in Griechenland errichtete, war Themos Kornaros einer der ersten Autoren, der verfemt und verhaftet wurde. Seine Bücher wurden öffentlich verbrannt. 1938 kam er wieder in Freiheit, wurde aber weiter bespitzelt. Als 1941 Hitlers Wehrmacht Griechenland besetzte, schloss er sich sofort dem Widerstand an, der EAM – einer Sammlungsbewegung linker und linksliberaler Gruppen. 1943 verfasste er die Widerstandsschrift *Wir werden nicht sterben*. Die Gestapo ergriff ihn und brachte ihn, nachdem er im Folterzentrum der SS in der Athener Merlinstraße furchbaren

Qualen ausgesetzt war, in das berüchtigte KZ Chaidari, ganz in der Nähe der Hauptstadt. Dieses Lager stand unter dem Kommando von SS-Sturmbannführer Paul Otto Radomsky. Über die Zeit schrecklicher Leiden in diesem Camp schrieb Kornaros später in der Einleitung seines Buches *Leben auf Widerruf*: „Wenn in Dir der Wunsch brennt, den Menschen in seiner Bewährung kennenzulernen, dann folge mir. Vielleicht findest Du nicht zurück. Sollte es Dir aber gelingen, wirst Du nicht mehr der gleiche sein. Leidenschaftliches Verlangen nach Wahrheit wird Dich packen, und Du wirst nur noch dem einen Ziel leben: die Angst im Herzen des Menschen zu besiegen und die Wahrheit, die Du gewonnen hast, zu sagen, schlicht, furchtlos, ohne ein Lob zu erwarten. Das ist die neue Arena, in der Du kämpfen wirst."

Und weiter: „In der Merlinstraße und in Chaidari wirst Du nichts Neues zu sehen bekommen. Allem bist Du schon einmal begegnet, außer dem eigenen Ich. Diese Begegnung wird Dich zu der Feststellung führen: Das alles kenne ich, aber ich fürchte mich, offen darüber zu sprechen. Der Tod ist unser eigenes Ich. Hast Du erst das eigene Ich besiegt, dann hast Du das große Spiel um den Menschen gewonnen." (Kornaros 1964, 6)

Das KZ Chaidari wurde zwar von der SS betrieben, aber Kornaros erwähnt ausdrücklich, dass hinter der Einrichtung dieses Schreckensortes auch mit den Nazis kollaborierende Teile des griechischen Bürgertums standen, die über den breiten Widerstand des Volkes gegen die deutschen Invasoren erschreckt waren und um ihre Macht fürchteten, wenn diese Bewegung nach dem Abzug der Deutschen die Oberhand gewinnen sollte. Chaidari war kein Vernichtungslager, schreibt Koranros, sein Ziel war ein anderes: „Unterwerfung der griechischen Seele, Versklavung unseres Volkes, Ausmerzung des griechischen Selbstbewusstseins, so lautete der Plan. Das Lager Chaidari ist geschaffen worden, Sklaven und Verräter zu erziehen. Es soll ein Laboratorium zur Züchtung von Spezialbazillen für die Verbreitung der Panikpest unter der griechischen Bevölkerung sein. (...) In Chaidari erwartete Dich ein neuer Terror: ein pausenloser, bis ins Kleinste durchdachter psychologischer Angriff. Er sollte Kraft und Ausdauer in Dir lähmen, Deinen Willen brechen und jegliche menschliche Regung in Dir töten. Nicht etwa, um Dich danach umzubringen, nein, weit gefehlt! Nun warst Du wertvoll, ein ausgereifter Bazillus, geeignet, den Menschen draußen die entsetzliche Krankheit zu übertragen." (Ebd., 59f.)

Eine *Bestie* von einem Menschen

Den Lagerkommandanten Radomsky beschreibt er so: „Deine Phantasie sträubt sich, für diese Bestie die Geschichte eines Menschen zu ersinnen. Unmöglich, dass es eine Falte seines Seins gibt, die nicht mit Blut, Verbrechen, Meuchelmord und Sadismus gefüllt ist. Das Gesetz der SS heißt: Mitleid ist unnützer Luxus! Sturmbannführer Radomsky gibt sich damit nicht zufrieden und ergänzt: Mitleid ist Verbrechen! Ist Feigheit!" (ebd., 196ff.)

Der Aufenthalt im Lager war *Leben auf Widerruf*, denn ein Menschenleben galt nichts an diesem grausamen Ort. Jeden Tag mussten die Gefangenen zum Appell antreten und dann verlas Radomsky persönlich von einer Liste die Namen der Häftlinge, die als Vergeltungs- oder Sühnemaßnahme für von griechischen Widerständlern getötete deutsche Soldaten direkt anschließend durch Erschießen hingerichtet wurden. Kleine Händel im Lager erledigten Radomsky oder seine Schergen an Ort und Stelle: entweder mit furchtbaren Schlägen der Ochsenpeitsche oder durch Ziehen der Pistole.

Der Höhepunkt im Kornaros' Beschreibung des teuflischen Treibens im Lager ist eine Episode, in der Napoleon Sukadzidis – also jener Mann, dessen Denkmal mit der daneben aufgestellten Tafel in Arkalochori steht - die Hauptperson ist und die für den Autor zum Heldenepos für die ganze griechische Nation wird. Wieder mussten Abteilungen der Gefangenen auf dem Hof des Lagers antreten. Diesmal sollten 200 Gefangene zum Erschießen abgeführt werden – als Sühne für die Tötung des deutschen Generals Molai.

260 Mann waren insgesamt angetreten. 200 sollte es treffen. Radomsky erschien mit der Liste der Todgeweihten und begann, ihre Namen vorzulesen. Aber nun geschah das Wunder: Die Häftlinge, die aufgerufen wurden, zeigten keine Anzeichen von Verzweiflung und Todesangst. Mutig und aufrecht traten sie vor und riefen mit lauter und kräftiger Stimmer ihr „Hier!". In jedem „Hier!" habe sich der ganze Zorn, die ganze Wut und der ganze Widerstandsgeist gegen die Besatzer ausgedrückt, schreibt Kornaros.

Und jeder der Aufgerufenen drehte sich um und richtete eine kleine Abschiedsansprache an die Kameraden (was ein schwerer Verstoß gegen die Disziplinarordnung war), in der er sie zu Mut und Würde aufrief. Mit einem Hochruf auf Griechenland traten sie zu der Gruppe der Todeskandidaten. Unter den Nicht-Aufgerufenen machte sich Angst breit, aber nicht Angst vor dem nahen Tod: „Die hier sorgen sich nicht, ob sie am Leben bleiben oder nicht. Sie haben Angst vor dem Gedanken, die Ausnahme zu sein, zurückzubleiben." Radomsky muss dieses Auftreten der Gefangenen als furchtbare Demütigung und Niederlage erlebt haben. Mit zunehmend nervöser und unsicherer Stimme las er die Namen der zu Erschießenden von der Liste ab. Er hatte gebeugte und gebrochene Elendsgestalten erwartet, die wie Opferlämmer zur Hinrichtung gehen würden. Nun traten aufrechte Männer vor ihn, die den Tod nicht fürchteten. Radomsky las weitere Namen vor – auch den von Napoleon Sukadzidis. Der Kommandant erschrak, als er verstand, wessen Namen er da ausgesprochen hatte, korrigierte sich sofort und sagte: „Nein, nicht du! Nicht du, Sukadzidis!" Nun muss man wissen, wer dieser Mann war: Er arbeitete als Kapo im Lager, also als vermittelnder Verbindungs- und Vertrauensmann zwischen Gefangenen und Kommandantur. Ohne sich bei den SS-Schergen und Radomsky anzubiedern, hatte er diese Aufgabe erfüllt, immer das Wohl seiner Kameraden im Auge, was ihm deren allergrößte Hochachtung verschafft hatte. Ohne diesen Mann ging nichts im Lager.

„Die Geschichte wird neu geschrieben"

Sukadzidis trat Radomsky nach dessen zweimaligem „Nein!" furchtlos und gefasst gegenüber und sagte zu ihm mit ruhiger Stimme: „Ich willige ein, Herr Kommandant, dass ich das Leben behalte. Doch nur unter der Bedingung, dass ich es nicht einem anderen nehme. Nur wenn mein Platz leer bleibt!" Die Kameraden klatschten wie elektrisiert Beifall. Kornaros wird an dieser Stelle im höchsten Maße pathetisch, so gewaltig erscheint ihm dieser Augenblick. Er schreibt: „Die Geschichte unseres Landes erlischt. Sie wird neu geschrieben und überprüft. Auf ihrem Proszenium treten die Großen zurück, um Größeren Platz zu machen. Die Jahrhunderte verschmelzen, in der griechischen Geschichte wird eine neue flammende Seite aufgeschlagen: Napoleon Sukadzidis." Radomsky versuchte mit „flehender Stimme und unterwürfigem Gesicht", Sukadzidis umzustimmen und drängte ihn, den Austausch gegen einen anderen Gefangenen anzunehmen, denn er sei im Lager unersetzlich. Dieser antwortet: „Das Leben jedes Griechen ist genauso viel wert wie das meine. Auf ihn wartet ebenso eine Mutter wie auf mich. Ich danke für Ihr Interesse und den Wert, den Sie mir beimessen. Doch wenn ich Ihren Vorschlag annehme, gebe ich mich auf. Ich werde ein Nichts, ja weit schlimmer: ein Mörder und Verräter! Wir wollen nicht vergessen, Herr Kommandant, dass Sie der Eroberer sind und ich für die Befreiung meines Landes kämpfe. Wir sind Feinde!" Radomsky versuchte ihn dann bei der Soldatenehre zu packen. Der Kapo antwortete ihm ungerührt: „Sind Sie bereit, an meiner Stelle den unfähigsten deutschen Soldaten in den Tod zu schicken? Keinen Griechen. Dann bin ich bereit, Ihr Angebot anzunehmen und Ihre gute Absicht anzuerkennen. Die ritterliche Haltung von Krieger zu Krieger." Radomsky klopfte Sukadzidis auf die Schulter und reichte ihm die Hand: „Du bist nie ein Sklave gewesen!" Kornaros kommentiert die Szene mit den Worten: „So verabschiedet er sich und gesteht seine Niederlage ein und seine Demütigung als Eroberer und Mensch.“ Sukadzidis trat dann zu der Gruppe der Todgeweihten, für die die Lastwagen, die sie zur Hinrichtung bringen sollten, schon bereitstanden. Die Gefangenen leisteten noch einen letzten Akt des Widerstandes. Eigentlich mussten die Todeskandidaten ihre Bekleidungsstücke und persönlichen Gegenstände abgeben und in Unterwäsche vor das Hinrichtungskommando treten. Sie weigerten sich, diese Anordnung zu befolgen, sie wollten angezogen und in Würde in den Tod gehen ...

Als ich vor der Statue dieses Mannes und der neben ihr aufgestellten Tafel in Arkalochori stand, konnte ich ihm meinen tiefen Respekt nicht versagen, auch wenn Kornaros die Episode vielleicht dichterisch ausgeschmückt und ihr zu viel Pathos beigelegt hat. Es sind andere ähnliche Fälle von griechischen Widerständlern bekannt. Und hinter dem Respekt für diesen Mann kommt immer die Scham hoch, was die Generation unserer Väter diesem Volk angetan hat. Die Sätze auf der Tafel (es sind die letzten Worte Sukadzidis‘ vor der Hinrichtung an seine Kameraden) mögen für heutige Ohren pathetisch klingen, aber haben sie nicht etwas mit der gewaltigen Differenz zwischen dem Kleinen und dem Großen, dem Eroberten und dem Eroberer, dem Besetzten und dem Besatzer zu tun – eben mit der Asymmetrie zwischen beiden? Und dem Stolz, dem Übermächtigen widerstanden zu haben? Immer wieder muss ich das Geschichtsbewusstsein der Griechen bewundern, die ihre Helden nicht vergessen.

Die Leidensgeschichte des Schriftstellers Themos Kornaros war mit der Entlassung aus dem KZ noch lange nicht zu Ende. Als die Deutschen aus Griechenland abzogen und der Bürgerkrieg zwischen den Linken und Rechten begann, den die Briten mit ihrem Eingreifen auf Seiten der Rechten entschieden, landete er als ehemaliger Widerstandskämpfer in einem britischen Lager. Wieder in Freiheit griff er in einer Schrift hohe Amtsträger wegen Wirtschaftskollaboration an, wurde wegen dieses „Vergehens“ angeklagt und zu zweieinhalb Jahren Gefängnis verurteilt, die er in Patras absaß.

1949 – Griechenland war inzwischen formell eine Demokratie geworden, in der unter amerikanischem Patronat die Rechten und der König weitgehend einen Polizeistaat etabliert hatten – verfasste er einen Artikel, in dem er die Aufgabe des Schriftstellers so definierte, dass er der Unmenschlichkeit und den Verbrechen entgegenwirken müsse. Er wurde wieder verhaftet und in ein Lager verschleppt. Freunde, die ihn dort aufgesucht haben, berichteten, dass er einen sehr gebrochenen Eindruck gemacht habe. Insgesamt hat er zwanzig Jahre seines Lebens in Lagern und Gefängnissen verbringen müssen.

Ende der fünfziger Jahre brach Kornaros als *Pilger* zu einer Reise in die Sowjetunion auf. Wie so viele griechische Intellektuelle – unter ihnen auch Nikos Kazantzakis, der Autor des *Alexis Sorbas* – bewundert er, der immer den Kommunisten nahegestanden hatte, kritiklos und mit fast religiösem Pathos das dortig Aufbauwerk für eine neue Gesellschaft. Die Arbeiter hatten für ihn wirklich die Macht ergriffen, Lenin war für ihn ein Gott. Stalin erwähnte er nicht, der war auf dem 20. Parteitag der KPdSU 1956 zur Unperson erklärt worden. Immer wieder erinnerte Kornaros die Russen daran, dass die Griechen genauso wie sie gegen die deutschen Invasoren gekämpft hätten und dass der griechische Widerstand den Kampf der Russen gegen den Faschismus unterstützt hätte.

Annäherung an die Sowjetunion

Passagen im Werk von Themos Kornaros wirken auf den heutigen Leser, der den weiteren Gang der Geschichte kennt, eher peinlich und abstrus. Aber zu seiner Entschuldigung muss man anführen, dass Kornaros aus einem Land kam, dass keine Demokratie im westlichen Sinn kannte – von sozialer Gerechtigkeit ganz zu schweigen. Griechenland war zur Zeit der deutschen Besatzung in zwei politische Lager – rechts und links – gespalten. Vielleicht ist es von daher verständlich, dass viele griechische Intellektuelle das Heil nur beim großen Bruder in Moskau sahen.

Ein unverzeihlicher historischer Irrtum, wie man heute weiß. Nicht nur weil das Sowjetreich inzwischen von der Weltbühne verschwunden ist, es gibt noch einen anderen Grund. 1944 reichte der britische Premier Winston Churchill Stalin bei einer Konferenz in Moskau den berühmten Zettel (der heute noch in einem Moskauer Archiv liegt), auf dem er aufgezeichnet hatte, wie er sich die Neuaufteilung Europas vorstellte. Danach sollten die Staaten Mittel-, Ost- und Südosteuropas in den Herrschaftsbereich der Sowjetunion kommen, Jugoslawien unter Tito sollte unabhängig bleiben, und Griechenland sollte der britischen bzw. amerikanischen Zone zugeschlagen werden. Stalin nickte beim Betrachten des Zettels zustimmend und hatte die griechische Linke damit verraten, der er auch keine Unterstützung im Bürgerkrieg zukommen ließ.

Wie auf dem Zettel entworfen, kam es später auch. Hatte Kornaros das gar nicht zur Kenntnis genommen? Kazantzakis hatte seine Hymnen auf die Sowjetunion 1928 geschrieben – in einer Zeit also, als auch westliche Intellektuelle dorthin pilgerten, um dem *Reich des neuen Menschen* zu huldigen. Kornaros kam aber zu einer Zeit dorthin, als er es schon hätte besser wissen müssen.

Seiner Nähe zur Sowjetunion verdankt er es auch, dass er in der jungen Bundesrepublik völlig unbekannt blieb. Sein Hauptwerk *Leben auf Widerruf* erschien nur in der DDR. Bücher über den Widerstand gegen den Nazi-Terror waren in der Adenauer-Zeit nicht angesagt. *Die Zeit* monierte 1967 in einem Artikel (als die Militärjunta in Athen sich gerade anschickte, jeden kritischen Geist aus ihrem Herrschaftsgebiet zu vertreiben bzw. in die Insel-KZ wegzusperren), warum die große Zahl der engagierten und zum Sozialismus tendierenden Dichter Griechenlands dem literarischen Bewusstsein der Bundesrepublik vorenthalten werde. Denn wer sich über diesen Teil der neugriechischen Literatur informieren wolle, werde auf die Buchproduktion der DDR verwiesen. Und direkt auf Themos Kornaros anspielend, konstatierte *Die Zeit*: „Als ob es keine Menschen wären, die sich da gegen die himmelschreienden Zustände im wirtschaftlichen und sozial rückständigsten Land Europas empörten.“

Nach dem Studium des Lebens und des Werkes von Themos Kornaros (so weit in Deutschland verfügbar, vieles ist gar nicht übersetzt worden) wurde mir klar, warum sein Denkmal nicht auf dem Dorfplatz von Sivas stehen darf, sondern ohne Namen hinter Bäumen auf einem Stück Niemandsland versteckt wird: Ein so radikaler Kritiker der Kirche und des Kapitalismus hat es auch heute noch schwer in diesem Land. in dem diese beiden Mächte über viel Einfluss verfügen. Aber immerhin hat man seine sterblichen Überreste auf dem Friedhof des Dorfes beigesetzt.

Vermutlich hat es aber auch hier ein Gerangel zwischen den Autoritäten gegeben, denn seine Gebeine wurden zwei Mal umgebettet, wie auf der Grabplatte vermerkt ist. Über der aufrechtstehenden Grabplatte mit dem Spruch ist ein Kruzifix angebracht. Ob das in seinem Sinn geschah? So gesehen ist ihm das Schicksal seines Schriftstellerkollegen Kazantzakis erspart geblieben. Da dieser auch ein entschiedener Gegner der Orthodoxie war, haben die Kirchenoberen ihm die Bestattung auf einem Friedhof verweigert, weshalb er seine letzte – und wie ich finde königliche – Ruhestätte auf der Bastion Martinengo, einem Teil der Stadtmauer von Heraklion, gefunden hat. Vielleicht hätten die Worte auf Kazantzakis Grabplatte auch für den stets unbequemen Themos Kornaros am Ende seines Lebens und nach all den Leiden, die er durchmachen musste, gelten können:

Ich hoffe nichts,
ich fürchte nichts,
ich bin frei!

Abschied von Mikis Theodorakis – er hat sich immer als Kreter empfunden. Ein Nachruf

Die Nachricht hat ganz Griechenland und natürlich auch Kreta zutiefst erschüttert. Mikis Theodorakis ist am 2. September 2021 in Athen gestorben. Seine Überführung nach Kreta zeigte, wie sehr die Menschen diesen großen Komponisten, der zeitlebens auch ein linker Freiheitskämpfer war, liebten. Überall auf den Straßen bis zum Hafen von Piräus, wo das Auto mit seinem Sarg auf ein Schiff fuhr, standen die Menschen, winkten, warfen Blumen auf das Auto und Musikgruppen spielten seine Lieder und Kompositionen. Nach der Ankunft des Schiffes in Chania wiederholten sich diese Szenen. Bei der Beisetzung in dem Dorf Galatas, aus dem die Familie seines Vaters stammte, folgten Tausende dem Sarg. Das griechische Fernsehen hat den letzten Weg dieses großen Musikmagiers und Humanisten von der Aufbahrung in der Metropolitenkirche in Athen bis zur Beisetzung im Grab auf Kreta verfolgt.

Denkt man an diesen Giganten der griechischen Musik, dann fällt einem sofort die Filmmusik zu *Alexis Sorbas* ein, besonders aber die letzte Szene, als die von Sorbas konstruierte Seilbahn zum Transport von Baumstämmen schon bei ihrer Einweihung bei der Beförderung der ersten Balken krachend in sich zusammenfällt und sein Boss, der Bergwerksbesitzer und tintenklecksende Schriftsteller, nicht in ein Donnerwetter über diese Katastrophe ausbricht, sondern in ein homerisches Gelächter, dem Sorbas sich anschließt. Die beiden füllen ihre Weingläser und stoßen auf das *kleine Unglück* an, das für den Boss den finanziellen Ruin bedeutet. „Komm, Sorbas", ruft er, „lehre mich tanzen!"

Und die beiden beginnen nach der Sirtaki-Musik von Theodorakis zu tanzen – vorsichtig, bedächtig und schleppend setzt der Tintenkleckser seine Schritte auf dem sandigen Boden des Strandes. Ernst, geduldig und zärtlich verbessert Sorbas seine Schrittfehler, bis er Mut fasst und seinen schweren Beinen Flügel wachsen. Die Musik wird schneller und schneller, sie explodiert geradezu, der Rhythmus beginnt zu rasen, die beiden ungleichen Freunde legen sich die Arme gegenseitig auf die Schulter und tanzen sich in einen furiosen, ekstatischen Rausch. Dann bricht die Musik jäh ab und die beiden biegen sich vor Lachen, balgen sich im Sand wie die Kinder.

Heroischen Nihilismus hat Nikos Kazantzakis unter Berufung auf Friedrich Nietzsche diese Haltung genannt. Man versteht sie wohl nur, wenn man weiß, dass Kazantzakis den Roman 1946 geschrieben hat – ein Jahr nach dem Ende des Zweiten Weltkrieges, zu einem Zeitpunkt also, als Europa in Trümmern lag und fünfzig Millionen Menschen ihr Leben verloren hatten. Ob nun Europa zerstört ist oder nur die Seilbahn zusammengekracht ist – es sind Katastrophen, und man kann sie nur ertragen, wenn man bereit ist, in den Abgrund zu blicken, ja zu sagen zum Leben wie es ist – und eine solche Sicht schließt Zerstörung und Tod mit ein. Die Asche ist immer der Samen, der neues Leben hervorbringt. Genau das versteht Kazantzakis unter *heroischem Nihilismus*. Und aus dieser gemeinsamen Haltung heraus können der einfache Arbeiter und Landstreicher Sorbas und der intellektuelle Tintenkleckser im Angesicht des Unglücks rauschhaft und glücklich lachen und dionysisch ausgelassen am Strand tanzen, tanzen, tanzen...

Diese Szene im Roman und im Film war es wohl vor allem, die Sorbas weltberühmt gemacht hat, aber der Film hätte diese Berühmtheit ohne die hinreißende Musik von Mikis Theodorakis nie erlangt. Sie wurde zum Inbegriff griechischer Lebensfreude und zum Inbegriff griechischer, ja kretischer Musik schlechthin. Für den Komponisten war die Sache allerdings ganz einfach: Der Regisseur des Films, Michalis Kakogiannis, rief Theodorakis zum Ende der Dreharbeiten auf Kreta, bei denen er öfter zugegen war, in Athen an und teilte ihm mit, dass am nächsten Tag die letzte Einstellung des Films gedreht werden solle. Er bat um sofortige Zusendung eines provisorischen Playback für die Schlussszene. Der Regisseur gab eine ungefähre Information, wie in etwa er sich die Musik vorstellte. Theodorakis dachte sofort an den kretischen Tanz und komponierte noch in der Nacht den Sirtaki, den die Schauspieler Alan Bates und Antony Quinn dann am Strand tanzen. Am Morgen nahm Theodorakis die Komposition mit seinen Musikern im Studio auf und schickte sie mit dem Mittagsflugzeug nach Kreta. Noch am selben Tag wurde die Schlussszene gedreht.

Es gab aber noch eine Schwierigkeit zu überwinden: Antony Quinn konnte gar nicht tanzen und einen kretischen Tanz Sirtaki gab es in Wirklichkeit nicht. Für Antony Quinn heuerte man den Schäfer Antonis Paterakis aus dem Dorf Koustogerako an, um ihm die Grundschritte des kretischen Tanzes beizubringen. Der sagte später: „Ich habe nie einen schlechteren Tänzer gesehen als meinen Namensvetter. Aber er war ein *Palikari* (Teufelskerl)!" Und Mikis Theodorakis hatte, um Quinn die Sache leichter zu machen, einen völlig neuen Tanz erfunden: den Sirtaki, indem er die zwölfteilige komplizierte Schrittfolge des kretischen *Sirtos kritis* (oder *chaniotis*) mit dem simplen aber eindrucksvollen Athener Tavernentanz *Chasapiko* vermischte. Aus dem Original-Sirtos wurde Theodorakis' weltberühmter Sirtaki – der kleine Sirtos. Vorbild dabei war offensichtlich auch der kretische *Kondiliés*-Tanz. (Theodorakis 2001, 207)

Das ist aber nur die oberflächliche Entstehungsgeschichte von Sorbas' Tanz. Der phänomenale Erfolg der Musik wirft Fragen auf, deren Beantwortung in das Selbstverständnis des Schaffens des Komponisten führt und seiner von Kreta geprägten Seele. Er schreibt: „Ich denke, dass ich schon vor Alexis Sorbas existierte, ich war Alexis Sorbas, bevor es ihn gab. Aus diesem Grund existierte die ganze Musik schon vor dem Film. Ich habe sie nicht für den Film geschrieben. Diese Musik existierte schon lange vorher. Der Film und das Buch haben sie nur vervollständigt. Warum? Weil ich aus Kreta stamme. Alles ist aus dem Klima und der Geschichte Kretas hervorgegangen. Von dem Moment an, in dem man kretischen

Boden betritt, fühlt man sich frei! Dort herrscht eine andere Moral. Was sage ich? Dort gilt ein anderes Wertesystem. Du bist frei!" (Mouyis 2010, 107)

Große Liebe zu Kreta

An anderer Stelle beschreibt er seine enge Beziehung zu der Insel: „Viele Details bewirken, dass ich mich in Kreta immer in eine Zelle des Inselorganismus verwandle, in eine Zelle, die mit der spezifischen Empfindsamkeit Kretas reagiert. Ich fühle mich auf Kreta stets wie ein *Eingeweihter*. Bei meiner ersten Reise nahm ich die Objekte – Bäume, Häuser, Menschen – undeutlich wahr, als wären sie beschlagen, so dass ich nicht wusste, ob es tatsächlich Bäume, Häuser und Menschen waren oder nur deren Abbild – nein nicht einfach meiner Vorstellung, sondern der Phantasie Kretas entsprungenes Abbild. Jetzt weiß ich, dass es beides war: nämlich die Verschmelzung des Mythos, den ich in mir trug, mit der charakteristischen Landschaft dieser Insel." (Theodorakis 2001, 9)

Mikis Theodorakis wurde am 29. Juli 1925 auf der Insel Chios geboren – also nicht auf Kreta, was sich aber mit dem Beruf seines Vaters erklärt, der als hoher Staatsbeamter sehr oft den Wohnort wechseln musste. Der Komponist fühlte sich aber Zeit seines Lebens durch und durch als Kreter, denn seine Vorfahren väterlicherseits kamen alle aus dem Westteil der Insel – aus dem Dorf Galatas bei Chaniá, wo noch heute das Haus der Familie steht. Es ist inzwischen zum Museum ausgebaut worden. Seine Ahnen seien alle einfache Hirten, Bauern, Lyraspieler, Kleinhändler und Angestellte gewesen. Besonders stolz ist Theodorakis auf einen Vorfahren namens Thodoromanolis, der ein berühmter Lyraspieler war und den die Türken enthaupteten, weil er einen Aga erstochen hatte.

Seine Bekenntnisse zu der Insel sind zahlreich. „Ich bin auch heute mit meinen 85 Jahren zuallererst Kreter, danach erst Grieche und Europäer." Oder: „Meine geistige Heimat ist Kreta, auch außerhalb der Musik." Kreta ist für ihn die

„Quintessenz Griechenlands." Der intensive Kontakt mit den Wurzeln Kretas habe ihn endgültig frei gemacht. Und dass er sich 1949 auf der Gefängnisinsel Makronissos, wo ihn „barbarische Folterer" der rechten griechischen Regierung mit tausenden anderen jungen Griechen wegen seiner linken politischen Einstellung festhielten, geweigert hat, eine Reueerklärung zu unterschreiben, führt er noch heute darauf zurück, dass er ein „starrköpfiger" Kreter sei. Kreter seien eben „starrköpfige" Menschen. (Ebd., 249)

Aber seine enge Beziehung zu der großen Insel geht weit über das Persönliche hinaus. Kreta ist die Wiege der europäischen und abendländischen Kultur. In diesem Schmelztiegel liefen die kulturellen Einflüsse aus Asien, Europa, Afrika und dem Nahen Osten zusammen, hier entwickelte sich mit den Minoern die erste große Zivilisation Europas. Nicht zuletzt auch deshalb steht Theodorakis der Insel so nahe: „Nicht nur weil ich Kreter bin, sondern weil Kreta die Quelle und der Ursprung des Geistes ist."

So muss man den wichtigsten Antrieb für seine Kompositionen auf Kreta suchen. Ein Musikkritiker hat es mit Blick auf den Sorbas so formuliert: „Bei sorgfältiger Prüfung stellt man fest, das ist einfache, populäre Musik, eben kretische Musik. Vielleicht hat Theodorakis nichts anderes getan, als seine Musik aus der kollektiven musikalischen Erinnerung seiner Vorfahren zu schöpfen." (Hermann 2010) Natürlich haben ihn auch andere Stilrichtungen geprägt: die byzantinischen Psalmen, die griechische Volksmusik und die europäischen Klassiker (er ist ein großer Verehrer von Beethoven), aber Kreta bleibt der wichtigste Einfluss. Er formuliert es so: „Kreta ist Musik für mich – die eine Hälfte der Musik, mit der ich aufgewachsen bin. Die andere Hälfte stammt von meiner Mutter, sie kommt aus Kleinasien, aus Byzanz."

Er selbst kam erst spät – im 25. Lebensjahr – zum ersten Mal nach Kreta. Aber die Insel war in den Erzählungen und Liedern seines Vaters für ihn immer gegenwärtig gewesen. Bisweilen kam auch der Großvater aus Galatas zu Besuch zur Familie – ein finsterer schweigsamer Mann. Kreta war also immer ein Teil seines Lebens und nicht nur imaginierter Mythos. Aber der Mythos spielte eine wichtige Rolle. Er schreibt: „Durch meinen Vater bekam ich zwei Vaterländer – ein mythisches Kreta und ein reales Griechenland." (Ebd., 89)

Die Erfahrung des patriarchalischen Lebens auf Kreta

Im Oktober 1949 also, als der grausame Bürgerkrieg unter den Griechen zu Ende war, kam der junge Mikis Theodorakis nach Kreta – noch gezeichnet von den Entbehrungen und den Folterungen der Haftzeit. In seinen Lebenserinnerungen schildert er die für ihn neue Situation und vor allem auch seinen Umgang mit Musik. (Theodorakis 2001, 9ff.) Die Verwandtschaft in Galatas und in anderen Dörfern nahm ihn freundlich auf, was nicht selbstverständlich war, denn sie gehörte politisch geschlossen „zur anderen Seite. Sie waren Antikommunisten bis auf die Knochen". Theodorakis wird Zeuge des patriarchalisch bestimmten Lebens der Kreter. Ihre strengen Regeln gelten ganz besonders bei festlichen Gelegenheiten am Esstisch. Nur die Männer durften am Tisch Platz nehmen, hierarchisch streng nach ihrem Alter geordnet. Für die Frauen blieb das Kochen und Servieren. War diese Arbeit getan, stellten sie sich mit den Kindern im Halbrund um den Esstisch auf und blickten respektvoll auf das Familienoberhaupt – in diesem Fall Theodorakis' Onkel Petros. Dieser legte die Hände auf die Tischplatte, sah sich zufrieden im Kreis der Seinen um und stimmte ein Risitiko an:

> „Was sitzt ihr um den Tisch herum
> mit schwerem Herzen?
> Ihr esst nicht und ihr trinkt nicht,
> und ihr könnt euch nicht mehr freun."

Als der Onkel den letzten Ton gesungen hatte, setzten die Frauen ihre Küchen- und Service-Arbeit fort. Dann hob der

Alte das Weinglas, rief *Eviva*! und trank es mit einem Zug aus. Nun durften es ihm die anderen gleichtun. Die Frauen trugen weiter auf. Nach jedem Gang hatte ein anderer die Strophe zu wiederholen. Hatte der geendet, mussten alle im Chor die Strophe noch einmal singen. Auch die Frauen und Kinder sangen nun mit. Jedes neue Lied bedeutete auch eine neue Runde Rotwein mit lauten *Eviva!*-Rufen. Als der Nachtisch aufgetragen war, durften die Frauen neben ihren Männern Platz nehmen. Nun kam das Singen von Mantinaden an die Reihe. Einer der Männer sang mit rauer Stimme:

„Von allen geflügelten Tieren
hat der Floh den meisten Spaß,
der zwischen die Brüste der Mädchen schlüpft
und sich dort herumtreibt.“

Kleine Zoten waren also bei dieser Art Gesang durchaus üblich. Theodorakis lernte auf der Insel aber nicht nur diese private Seite der kretischen Musik kennen. Auf Dorffesten – besonders im nahe gelegenen Kolimbari – kam er mit der Volksmusik direkt in Berührung, und sie machte großen Eindruck auf ihn. Vor allem der endlose, unbeirrbare, monotone, gleichmäßige Rhythmus faszinierte ihn, der – getragen von der Laoúto – tagelang hintereinander nicht abriss, denn so ein Volksfest kann von Samstag bis Montag dauern. Und auch die Tänzerinnen und Tänzer werden nicht müde, sich nach dem stampfenden Rhythmus des *Sirtos chaniotikos* (ein zwölfteiliger Tanzschritt) zu bewegen. Der Vortänzer legt den Musikern Geld vor die Füße, spendiert ihnen eine Runde Wein und führt den Tanz mit den Frauen an, die sich an den Händen halten. Die Frauen wechseln ständig ihre Position und halten nacheinander das Tuch, das der Vortänzer berührt. Der Tanz ist erst zu Ende, wenn er mit allen Damen getanzt hat.

Mehr als die Tanzfiguren, deren Entstehung sich bis in die Antike verfolgen lässt, packte, erregte und bezauberte Theodorakis der Rhythmus der Musik und der stampfenden

Füße der Tänzer: „Kretische Musik ist Rock'n'Roll. Wer die Risitika der Weißen Berge einmal gehört hat, weiß was ich meine. Wenn der Lyraspieler seinen Bogen auf das Instrument setzt, wenn er zu spielen anhebt, dann bewegen sich die Füße wie von selbst, es folgen die Beine, dann der ganze Körper. Die Männer springen auf, sie müssen tanzen, sie müssen springen, sich *erleichtern*", wie Kretas großer Schriftsteller Nikos Kazantzakis es einmal ausdrückte. „In der Heimat meines Vaters am Rande der Stadt Chaniá wird der *Chaniotikos* zu diesem Rhythmus getanzt. Ein unglaublicher, einzigartiger zwölfteiliger Tanzschritt – der schönste von allen", schrieb Theodorakis. (Hermann 2010)

Auch beschreibt Theodorakis, wie bedeutend das Erlebnis dieses Rhythmus' für sein weiteres Schaffen war: „Vielleicht kommt dieser Rhythmus, der für Verehrer der Neuen Musik sicherlich ein Graus ist, auch mir als Mensch sehr entgegen. Denn ich ging unbeirrt und *verbissen* meinen Weg – wie dieser fortwährende Rhythmus des *Sirtos chaniotikos*. Ich habe irgendwo geschrieben, dass der Rhythmus der kretischen Lieder mit einer Zahnradbahn, die durch gebirgige Landschaften fährt, verglichen werden kann. Ich habe Licht, Farbe und Melodik Kretas in viele meiner sinfonischen Werke der fünfziger Jahre aufgenommen, aber auch in meine Volksmusik, bis hin zum kretischen Tanz, zum Sirtaki, der durch den Sorbas-Film weltbekannt wurde." (Theodorakis 2001, 208)

Unter den herrschenden kapitalistischen Verhältnissen sei die elitäre Kunst aber zur einzigen Kunst erklärt worden und aus diesem Grunde würde sie auch unterstützt und gefördert, womit man einen *Bewusstseinsfriedhof* großen Ausmaßes geschaffen habe. Ausdruck dieser Haltung ist für Theodorakis die große Kluft zwischen der zeitgenössischen Musik der Avantgarde und den Volksmassen, sie sei aber keine Kluft zwischen Volk und Musik, sondern der natürliche Graben, der das Naturhafte vom Konstruierten, das Echte vom Unechten trennt. Die Musik der Avantgarde nennt er vor allem wegen ihrer Melodielosigkeit eine *Konstruktion von Tönen*.

Das Urteil des Volkes ist entscheidend

So sah er das Kriterium für echte, gute und wirkliche Musik im Urteil des Volkes: „Das Volk, Quelle, Träger und Adressat jeder geistigen und ästhetischen Schöpfung, dürstet nach dem Echten und Wahren, wird von allem Lebendigen angezogen, von allem Schöpferischen begeistert und von allem abgestoßen, was nicht lebensfähig ist. Die Kluft ist demnach etwas Positives, sie rechtfertigt das Urteil des Volkes. Wie bei den Komponisten, so drückt sich musikalischer Genius der Völker auch in melodischer Offenbarung aus. Volksmusik, wie sie im Lauf der Jahrhunderte gewachsen ist, ist nichts anderes als der Schatz ungezählter Melodien. Der meist tänzerische Rhythmus ist ihr Grundelement." (Hermann 2010, 216)

Wie schwierig es ist, die Nähe zum Volk zu halten und nicht zum Opfer der kapitalistischen Kulturindustrie zu werden, schildert er an einem Beispiel aus seinem Leben. Sein Sirtaki aus dem Schluss des Sorbas-Films war zum internationalen Hit geworden, den selbst Diskjockeys abends in den Tanzpalästen spielten. Er beschreibt diesen Entfremdungsprozess seiner Komposition: „In Paris wurde ich eingeladen, solch einem Ereignis (in einer Disco) beizuwohnen. Das Publikum war außer sich, jedes Mal, wenn der Sirtaki erklang, klatschte es, schrie, fieberte. Die Musik war mythisiert worden. Sie funktionierte so, dass sie den Gruppeninstinkt erregte. Die internationale Lobby machte goldene Geschäfte. Meine Musik und meine Person waren meiner Kontrolle entglitten. Nicht mehr ich war Herr meines Werkes und meiner Persönlichkeit, sondern die ökonomische Lage der Firmen, die in solch außergewöhnlichen Fällen, wenn also die Gewinne die Höhe von Dutzenden Millionen Dollars erreichen, ihre Grundregel anwenden: die Regel der Piraterie, des reinsten Raubs und des Terrors. Von den sagenhaften Gewinnen, die meine Sorbas-Musik einbrachte, erreichten mich nur einige Krümel." (Theodorakis 1985, 131 ff.)

Die Volksmusik bzw. das Volkslied war Ausgangs- und Zielpunkt seines musikalischen Schaffens. Er strebte ein neues musikalisches Denken und Fühlen an, in dem das Volk durch eine lebendige und ursprüngliche Offenbarung seinen Ausdruck findet. Und so initiierte Theodorakis eine kulturelle Revolution, denn er vertonte Gedichte der berühmtesten griechischen Dichter (Odysseas Elytis, Jannis Ritsos, Georgios Seferis, Dionysios Solomos, Jakovos Kambanellis und anderer) und brachte ihre Verse, also die große und hohe griechische Poetik in die Dörfer, in denen viele Menschen weder lesen noch schreiben konnten. „Und wie seine *Kampflieder* die Auflehnung des Volkes gegen die Militärdiktatur tragen und symbolisieren, so *befreite* er mit den Liedern der Poesie einfache Menschen aus ihrer Generationen dauernden Gefangenschaft in Analphabetentum und Unwissenheit“, schrieb ein Interpret seiner Werke.

Eine Kulturrevolution

Theodorakis selbst sagte in einem Interview über diese Kulturrevolution: „Schauen Sie sich das griechische Wort *tragoudi* an, das griechische Wort für *Lied*. Dieses Wort *tragoudi* ist eine direkte Ableitung des Begriffs *tragodia*, der *Tragödie* also. Ursprünglich (im Altgriechischen) bezeichnet das die *Oden* an den Bock, den *tragos* – womit Dionysos gemeint war, der Gott des Rausches und der Trunkenheit. Eine solche Art von Lied kommt mitten aus dem Volk und dort bleibt es – heilig berauschend, immer wiedergeboren. Man kann das Wort *tragoudi* daher nicht übersetzen. Die Wörter *Folk* und *Pop*, die man zur Hilfe nehmen möchte, drücken es nicht richtig aus, das deutsche *Schlager* schon gar nicht. Es ist wahr, dass ich es als erster wagte, die Werke großer Poeten zu vertonen und zu *Alltagsliedern* zu machen, damit alle Griechen sie singen können, ohne Ausnahme und indem sie sich losreißen von ihrem individuellen Schicksal, das sie voneinander trennen mag. Damit ein Fremder begreift, was das wirklich bedeutet, müsste man sich vorstellen, dass man in Deutschland jeden Tag Goethe, in England vielleicht T. S. Eliot und in Frankreich

Paul Éluard singen würde – zu Hause, in der Taverne, bei der Arbeit, in der Schule oder während einer Demonstration." (Hermann 2010, 246)

Theodorakis fügt diesen Ausführungen hinzu, dass diese Kulturrevolution nur möglich gewesen sei, weil die Werke der griechischen Dichter auch direkt aus dem Volk kämen, seinen Geist ausdrückten und sich volkstümliche Elemente mit dem genialen künstlerischen Element in ihnen verbinden würden. Die aus dem *Volksgeist* stammenden Gedichte, die zu *hoher* Poesie geworden waren, kehren also durch Theodorakis' Vertonung wieder zu ihrem Ursprung, zum Volk zurück und werden wieder *Volkslieder.* (Der hier angeführte Begriff *Volksgeist* erinnert an die Vorstellungen von Johann Gottlieb Herders von Literatur, muss aber scharf von dem der Nationalsozialisten unterschieden werden.)

Aber nicht nur die vertonten Gedichte verstand Theodorakis aus den Wurzeln des griechischen Volkes kommend, auch seine großen Werke – *Epitafios, Axion esti, Canto General* und seine Sinfonien – waren für ihn Werke der Volkskultur, die aber gleichzeitig den hohen Ansprüchen und Kriterien von Kunst genügen. Wie sehr seine musikalischen Werke das Volk erreicht haben, kam nicht zuletzt darin zum Ausdruck, dass es eine der ersten Maßnahmen der Militärjunta 1967 war, seine Musik zu verbieten, weil die Offiziere in seinen Liedern – vor allem in seinen Kampfliedern, die zum Widerstand aufriefen, eine große Gefahr für ihre Diktatur sahen.

Am meisten hat er unter der Uneinigkeit, der Zerrissenheit des griechischen Volkes gelitten. In seiner Autobiographie *Die Wege des Erzengels* schrieb er: „Ich sehe meine einzige Bestimmung darin, die Wunde, die der Bürgerkrieg (1946 bis 1949) in den Körper meiner Heimat geschlagen hat, zu schließen." Es sei Griechenlands Tragödie, dass dies „eine Sache auf Leben und Tod sei, weil einige Interesse daran hätten, diese Wunde immer wieder aufzureißen, um billige politische Vorteile daraus zu erlangen."

Mikis Theodorakis war ein großer Humanist, ein Gigant der Musik und schon zu Lebzeiten ein Mythos. An einem hat er nie Zweifel gelassen: „Meine geistige Heimat ist Kreta – auch außerhalb der Musik." (Hermann 2010)

Meine Begegnungen mit Mikis Theodorakis

Ich habe Theodorakis zum ersten Mal bei einem Konzert 1972 in Bonn erlebt. Er war damals noch im Exil, denn in Athen herrschte die Militärjunta. Der große Saal der Beethovenhalle war deshalb voll von ebenfalls exilierten Griechen, Männern und Frauen, die alle nur das Ende der Schreckensherrschaft der Offiziere in ihrer Heimat herbeisehnten. Als Theodorakis die Arme und Hände zum Dirigieren hob, sein Orchester und seine Sänger/innen zu spielen und zu singen begannen, all die bekannten Kampf- und Volkslieder, die die Griechen so gut kannten und die sie so intensiv an ihr fernes Land erinnerten, das für sie zu jener Zeit unerreichbar war, brachen alle emotionalen Dämme. Ich sah, wie diese gestandenen Männer und Frauen nur noch weinten, ja viele schluchzten hemmungslos. Und ich verstand, was Mikis Theodorakis für diese Menschen bedeutete.

Ich will dieser Stelle noch zwei kurze persönliche Begegnungen mit ihm anfügen. Theodorakis war 1974 direkt nach dem Ende der Militärdiktatur aus seinem Pariser Exil nach Athen zurückgekehrt, dort triumphal empfangen und mit einer Aufführung des *Canto General* im alten Olympiastadion von 1896 geehrt worden. Er war zu dieser Zeit, nicht zuletzt weil er das Symbol des griechischen Widerstandes gewesen war, auf der Höhe seines Ruhms. Eine Deutschlandtournee seines Orchesters und seiner Sänger/innen führte ihn auch nach Bremen, wo das Konzerthaus *Die Glocke* viel zu klein war für den großen Andrang nach Karten. So wurden zwei Konzerte an einem Abend angesetzt. Ich wollte unbedingt ein Interview mit ihm machen und versuchte in der *Glocke* einen Termin zu bekommen.

Theodorakis' französischer Manager empfing mich sehr freundlich. Ich brachte mein Anliegen vor, und er sagte: „Kein

Problem, gehen wir zu Mikis in die Garderobe." Auch Theodorakis empfing mich sehr herzlich, und wir verabredeten uns am nächsten Morgen in seinem Hotel. Als ich das Hotel betrat, kam mir der Manager schon aufgeregt entgegen. „Es sieht nicht gut aus mit dem Interview. Mikis hat das nasskalte Bremer Wetter (es war November) nicht vertragen. Und zwei Vorstellungen waren offenbar einfach zu viel gewesen. Seine Stimme ist weg und er hat fast 40 Fieber. Ein Arzt versucht ihn gerade wieder fit zu spritzen. Er muss heute Abend in Münster auf der Bühne stehen." Da war es also mit meinem Interview nichts gewesen. Kurze Zeit später sah ich, wie er auf seinen Sänger Petros Pandis und ein anderes Ensemble-Mitglied gestützt zu dem vor dem Hotel wartenden Bus geschleppt wurde.

Jahre später – es war 1986 – war er wieder zu einem Konzert in Bremen. Ich bemühte mich wieder um ein Interview. Diesmal war das Wetter gut. Natürlich war ich bei seinem Konzert dabei, Mikis war wunderbar in Form, und ich war fasziniert, wie dieser 1,96-Meter große Hüne mit der schwarzen Mähne und in dem einfachen schwarzen Dress mit weit ausholenden Armbewegungen seine Orchester dirigierte. Eigentlich dirigierte er gar nicht, er lebte seine Musik ganz intensiv und expressiv, und seine Truppe folgte diesem Musik-Magier mit großer Leidenschaft. Und über allem lag die kraftvoll-wunderbare, kristallklare Stimme von Maria Farantouri.

Nach dem Konzert saßen wir im Kreis von vier oder fünf Journalisten mit ihm zusammen. Damals versuchte er mit einer eigenen Initiative, die Beziehungen Griechenlands zum Erzfeind Türkei zu verbessern. Er arbeitete eng mit dem türkischen Musiker Zülfü Livaneli zusammen. Ich stellte zu diesem Thema die erste Frage an ihn, und er antwortete mit einem Beitrag, der gut zwanzig Minuten dauerte. Er sah in den Beziehungen zur Türkei – neben der Sicherung der Demokratie in Griechenland – das Schlüsselproblem seines Landes überhaupt. Mit Bitterkeit bemerkte er, dass beide Völker von ihren jeweiligen Regierungen gegeneinander aufgehetzt würden. In Griechenland würde seine Initiative deshalb nicht gerade freundlich aufgenommen. Und dann ging er auf die Gefährdung der Demokratie in Griechenland ein. Anfang der 80er Jahre seien in Athen drei Mal die Panzer gerollt. Ein neuer Militärputsch sei in letzter Minute verhindert worden.

Den damaligen Regierungschef Andreas Papandreou nannte er einen großen Demagogen, der die Gefühle des Volkes permanent aufwiegele, um für seine Partei davon zu profitieren, womit er aber dem Land sehr schade. In der internationalen Politik setzte er große Hoffnung auf Michael Gorbatschow. Mit ihm sei ein neuer, sehr kritischer Geist in den Kreml eingezogen. Das berechtige zu großer Hoffnung. Aber er hegte Zweifel, ob die Amerikaner bereit seien, die neue Entwicklung in Moskau zu fördern. Doch auch in der Sowjetunion sah er starke retardierende Kräfte, die Gorbatschows neuen Kurs behindern könnten.

Und die Musik, sein eigentliches Metier, wie weit kann sie dazu beitragen, die Dinge auf dieser Welt zum Besseren zu wenden? Nein, sagte er, da habe er keine großen Illusionen, auch wenn er der Musik natürlich eine eminent politische Bedeutung zumesse. Musik könne sehr positiv und sehr negativ wirken. Heute überwögen durch die totale Kommerzialisierung und die Inhaltsleere die negativen Wirkungen. Wenn die Musik aber – und das war sicher ein Hinweis auf sein eigenes Werk – in der wahren Volkstradition stehe und die richtigen Inhalte transportiere, dann könne sie auch einen sehr positiven Einfluss ausüben. Das sei zurzeit aber wohl eher die Ausnahme als die Regel. Und die *absolute Musik*, so nannte er die großen klassischen symphonischen Werke, sei heute leider nur einem sehr kleinen Kreis von Menschen mit entsprechender musikalischer Vorbildung zugänglich. Der Mehrheit fehle wegen des langen Arbeitstages noch immer die Kraft und die Muße, sich mit der großen Weltkultur (Musik, Literatur, Kunst) zu beschäftigen. Und deswegen überwiege das Bedürfnis nach anspruchsloser Zerstreuung.

Das klang mit Blick auf die Zukunft nicht sehr hoffnungsvoll und optimistisch. Aber dann sagte er doch etwas Tröstliches. Wir seien umgeben von Chaos – jeden Tag und überall.

Aber dem Menschen sei die Fähigkeit zur Harmonie angeboren. Wir könnten die Welt harmonisch gestalten, wenn wir nur wollten. Wir dürften diese Welt nicht dem Chaos überlassen. Deshalb setze er auf die Kultur. Wir müssten alles tun, um sie zu fördern, nur dann hätte die Welt eine Überlebenschance. Hier hätten die Intellektuellen eine sehr große Verantwortung. Das waren seine letzten Worte an diesem denkwürdigen Abend. Es war inzwischen tiefe Nacht geworden, als wir uns von Mikis Theodorakis verabschiedeten. Er hatte sich viel Zeit für uns genommen ...

Literaturnachweis

Duerr, Hans-Peter: Die Fahrt der Argonauten, Berlin 2011.

Hauptmann, Gerhart: Griechischer Frühling. Leipzig 1942.

Hermann, Hansgeorg: Interview mit Mikis Theodorakis: Kreta ist Musik für mich. Merian 2010.

Ders.: Mikis Theodorakis. Der Rhythmus der Freiheit. Frankfurt/Main- Leipzig 2008.

Kazantzakis, Nikos: Einsame Freiheit. Biographie aus Briefen und Aufzeichnungen des Dichters von Eleni Kazantzaki. Frankfurt/Main – Berlin 1991.

Ders.: Im Zauber griechischer Landschaft. Bergisch-Gladbach 1990.

Ders.: Bericht der Zentralen Kommission zur Feststellung der Gräueltaten im Krieg. Heraklion 1989.

Kästner, Erhart: Griechenland. Ein Buch aus dem Kriege. Berlin 1942.

Kornaros, Themos: Leben auf Widerruf. Berlin (Ost) 1964.

Krug, Antje: Heilkunst und Heilkult. Medizin in der Antike. München 1985.

Melena, Elpis: Erlebnisse und Beobachtungen eines mehr als 20jährigen Aufenthaltes auf Kreta. Hannover 1892.

Miller, Henry: Der Koloss von Maroussi. Reinbek 1967.

Mouyis, Angelique: Mikis Theodorakis. Finding Greece in his music. Athen 2010.

Nixey; Catherine: Heiliger Zorn. Wie die frühen Christen die Antike zerstörten. München 2017.

Payne, Robert: Die Griechen. Das unsterbliche Volk. München 1976.

Rehm, Walther: Griechentum und Goethezeit. Leipzig 1936.

Raeck, Karina: Andartis – Monument für den Frieden. Krieg – Widerstand – Versöhnung. Mähringen 2016.

Rondholz, Eberhard: Die Schlacht auf Kreta und der Widerstandskampf unter der deutschen Besatzung 1941-1945. In: Raeck 2016.

Rosenberg, Alfred: Der Mythus des 20. Jahrhunderts. München 1930.
Schmölders, Claudia: Faust & Helena. Eine deutsch-griechische Faszinationsgeschichte. Berlin 2018.
Sieber, Franz Wilhelm: Kreta 1817. Ein historischer Reisebericht. Mähringen 2019.
Strohmeyer, Arn: Als Zeus noch auf dem Ida thronte. Kreta und seine Mythen. Mähringen 2022.
Ders.: Das kretische Abenteuer der Elpis Melena. Reisen und Leben unter osmanischer Herrschaft. Mähringen 2019.
Ders.: Die Lyra singt, tanzt und lacht. Vom Zauber kretischer Musik. Mähringen 2013.
Ders.: Mythos Matala/The Myth of Matala. Ein Fotoband aus den 60ern und 70ern/Photographs from the Sixties and Seventies. Mähringen 2011.
Ders: Dichter im Waffenrock. Erhart Kästner in Griechenland und auf Kreta 1941 bis 1945. Mähringen 2006.
Theodorakis, Mikis: Bis er wieder tanzt. Erinnerungen. Frankfurt/Main 2001.
Ders.: Anatomie der Musik. Luxemburg 1985.
Xylander, Maren von: Die deutsche Besatzungsherrschaft auf Kreta 1941-1945. Freiburg 1995.